살아서 하늘사람 되는 방법

우 명 지음

1판 1쇄 발행 2006. 10. 30.
1판 9쇄 발행 2025. 1. 3.

발행처 참출판사(주)
발행인 최창희

등록번호 제13-1147호
등록일자 2000. 12. 29.

주소 서울시 마포구 성미산로3길 67 우편번호 03969
전화 02)325-4192 팩스 02)325-1569
전자우편 chambooks@hanmail.net

ISBN 978-89-87523-20-0

살아서 하늘사람 되는 방법

서로가 서로를 미워하고 서로가 서로를 증오하고
서로가 서로를 원수로 알고 자기만 맞다고 우기던 시대도
진리의 참 앞에서는 허의 모든 것은
자취를 감추니 근심걱정이 없고
영원히 하나로 사니 이 얼마나 큰 복인가。
인간의 궁극적인 삶과 이유 목적이 다 이루어진다。

살아서 하늘나라 가는 길

우명 지음

참출판사

우 명 禹明

마음수련 명상의 창시자이며
인간 완성의 철학과 방법을 알려온 철학가, 강연가, 저술가이다.
삶과 존재에 대한 깊은 성찰 끝에 진리가 된 후,
사람들이 진리가 될 수 있도록 하는 데 헌신했다.

저서 〈이 세상 살지 말고 영원한 행복의 나라 가서 살자〉 영문판은
아마존 베스트셀러 종합 1위를 기록하였으며
다수의 철학 분야 도서상을 수상했다.
〈진짜가 되는 곳이 진짜다〉 영문판은 미국 에릭 호퍼 어워드에서
수여하는 '몽테뉴 메달'(2014)을 한국인으로서는 처음 수상했다.
〈하나님 부처님 알라를 만나는 방법〉은 미국에서 영역본
〈How to Have a Meeting with God, Buddha, Allah〉가 먼저 출간되었고
월스트리트저널, 반스앤노블 베스트셀러 종합 1위,
아마존닷컴 철학 영성 분야 베스트셀러 1위, USA투데이 베스트셀러에 올랐다.
<살아서 천국 극락 낙원에 가는 방법> 또한 영문 <How to Go and Live in Heaven,
Paradise, and the Land of Bliss while Living>이 먼저 발행되며 화제가 되었다.
이외에도 〈세상 너머의 세상〉 〈하늘의 소리로 듣는 지혜의 서〉 등
진리에 관한 저서 십여 권을 출간했다.
우 명 선생의 저서들은 영어, 스페인어, 프랑스어, 이탈리아어, 스웨덴어, 헝가리어,
포르투갈어, 일본어 등 세계 여러 언어로 번역, 출간되고 있다.

"우 명 선생이 창시한 마음수련은 모든 종교와 문화를 초월하는 수련이다. 어떤 거짓이나 속임 없이 아주 진실하게 이루어진다. 대부분의 질병은 주로 불필요한 욕망과 걱정, 스트레스에서 나오는데 마음수련은 그런 마음들을 없애 몸과 마음을 참되게, 건강하게 한다. 또 인생에서 부딪치는 많은 문제들을 지혜롭게 해결하게 해준다."

찰스 메르시에카 박사
UN-NGO <세계 평화를 위한 국제교육자협회> 회장

차례

2장 인간이 사는 이유와 목적

3장 인간의 완성

머리말

아득한 옛날의 이야기가 면면히 전하여오던 우리나라에는 세계에서 가장 잘 살고 세상에서 정신의 으뜸국이 된다는 이야기도 있다.

막연한 이야기로 받아들이고 또 생각했으나 정신의 으뜸은 진리가 되는 것이고 수많은 성인이 나온다는 이야기도 이 진리가 되어 성인은 진리인 자라 누구나가 성인이 될 수가 있고 누구나 살아서 천극락에 갈 수가 있으니 말로만 듣던 도인 신선 성인이 자기의 마음 몸을 버리고 망념의 천지만상마저 없애면 진리 자체로 모두가 거듭나 진리나라에 사니 아마도 면면히 전해오던 모든 이야기가 실현되는 듯하다. 살아서 도인 신선 성자가 되는 시대에 태어난 우리는 감사해야 하는 마음밖에 없다.

살아서 생사일여(영생) 천극락에 살고 모두가 밝은 빛의 나라에서 일하고 지혜 자체로 살 수가 있으니 모두가 하나로 이 땅 이곳에서 영원히 살 수가 있는 방법이 이 나라에서 나왔으니 이 나라는 복 중 복이 아니겠는가.

서로가 서로를 미워하고 서로가 서로를 증오하고 서로가 서로를 원수로 알고 자기만 맞다고 우기던 시대도 진리의 참 앞에서는 허의 모든 것은 자취를 감추니 근심걱정이 없고 영원히 하나로 사니 이 얼마나 큰 복인가. 인간의 궁극적인 삶과 이유 목적이 다 이루어진다.

자기의 관념 관습으로부터 벗어나 참인 진리의 관념 관습으로 바뀌면 대자유요 해탈이고 영생불사신 자체라. 이 자체가 마음수련회에 그 방법이 있어 모두가 이렇게 되고 있으니 또 많은 사람들이 되어 있으니 이 글을 읽고 마음수련회에 와서 마음을 닦아보면 알 수가 있을 것이다.

1장

진짜와 가짜

진짜란 실인 것이고 가짜란 허인 것이라.
사람도 지금 자기가 진짜이지 않고는
진리가 아니라 죽으면 죽어 버릴 것이라.
살아서 자기가 진짜이어야 하고
살아서 자기가 진짜 나라를 가지고 있지 않고는
진짜 나라에 갈 수가 없는 것이라.
– 본문 중에서

대한민국이 세상에서 으뜸국이다

대한민국 사람들이여, 예로부터 전해오길 가장 큰 나라이고 가장 잘 사는 나라이고 정신의 으뜸국이고 지상천국이 이루어진다는 이 나라가 종주국이라고 면면히 전해오던 으뜸의 주인의 나라의 면모가 물질문명에서 정신문명으로 바뀌어 정신의 최고의 국이라. 세계의 만방인들이 이 나라에 모여들고 정신의 최고의 경지를 배우고 또 정신의 최고의 경지로 삶 사는 것을 배우러 세계만방의 인들이 모여들지 않겠는가.

종교 사상 철학 정치 경제 학문이 모두가 하나가 되고 또 세계인들이 하나가 되는 것은 그 마음이 완전한 진리로 거듭나 자기중심적이 아닌 우리로 살고 남을 위해 사는 또 진리가 된 자는 영원히 죽지가 않는 지상천국이 이루어지는 그 방법이 이 땅에 나왔기에 정신의 부모국이고 정신의 으뜸국이라. 이 땅 이곳이 가장 잘 사는 나라가 되지 않겠는가.

대한민국 사람들이여, 용기와 희망을 가지고 부정적이기보다는 긍정적인 사고를 가지고 긍지를 가지고, 지금은 힘이 들고 또 세상이 맞지 않다고 또 이것저것이 맞지 않다고 탓하지 말고 우리부터가 이 나라가 있어 나가 살아 있고 이 나라의 고마움을 생각해야 하지 않겠는가.

세상이 잘못된 것이 아니고 나의 견해에 세상이 맞지 않는 것이지 진리인 세상의 견해로 보면 세상이 모두가 고마움밖에 없으니 정신의 으뜸국의 국민은 진리인 참 정신으로 모두가 다시 나 그 정신으로 사회와 나라를 위하여 살면 다른 나라의 세상인들이 부러워하지 않겠는가.

이 세상은 하나의 얼이고 그 하나의 얼 속에는 정과 신이 있어 그 정신으로 거듭나는 것보다 더 높은 정신의 경지가 없고 그 자체가 진리라. 그 자체보다 더 높고 완전한 경지가 없는 진리는 영생불멸의 살아 있는 본 정과 신이라. 그 자체를 우리나라에서 수출을 하고 우리나라에서 가르치면 세상의 정신의 최고가 되게 하는 정신의 으뜸국이라. 이 나라는 수많은 이가 찾아와 가장 잘 살 수가 있다는 예언이 실현되지 않겠는가. 우리의 후손은 수많은 외국인이 찾아와서 최고의 관광지가 되지 않겠는가.

모두가 완전하고 더 이상이 없는 진리로 대한민국 사람부터 거듭나 허황되지 않고 지혜가 있어 지혜로 현실에 맞게 자기 일을 충실히 하여 나라와 우리의 이웃을 위해 살면 잘 살 수 있지 않겠는가. 모두가 정신인 신명으로 거듭나면 신명 나는 삶을 살 수가 있지 않겠는가.

대한민국 사람들이여, 희망이 있으니 세상 탓과 나라의 탓 하지 말고 나의 속 좁은 사고의 원천인 관념과 관습을 버려서 완전한 진리의 몸 마음으로 다시 나 하나로 뭉쳐 사는 지혜를 우리가 배워야 하지 않겠는가.

세상은 세월은 나를 위하여 기다리지 않으니 마음을 키워서 내가 세상이 되고 세월이 되면 세상 세월은 나를 위해 기다릴 것이다. 세상과 세월의 주인이 나가 될 것이다.

살아서 하늘사람 되는 방법

살아서 하늘나라 가는 길

사람들이 흔히들 생각하기를 천극락은 죽어서 가는 줄 알고 있고 또 죽어서 나쁜 사람은 지옥에 가는 줄 알고 있는 것이 일반적인 상식이다.

이 천지에 사는 사람은 이 천지가 지옥임을 모르고 살기에 천극락 또한 모른다.

천국에 사는 사람은 지옥을 알고 천극락을 알지만 지옥에 사는 사람은 지옥도 천극락도 모르기에 그러하다.

사람은 이 세상에서 몸 가지고 살면서 음식을 먹고 그 에너지로 몸을 지탱하고 살지만 이 몸이 죽어도 영원히 살 수가 있는 것은 진리인 우주의 에너지와 신 자체로 다시 나는 것이라.

이 존재는 죽음도 시작도 없고 끝도 없는 하늘 이전의 하늘이라. 이 존재는 살아 있는 존재고 이 존재는 영과 혼 자체라. 이 존재로 다시 난 자는 진리로 다시 나서 죽음이 없고 영생불사신이 되어 사는 나라가 진리의 나라인 천극락이라. 사람이 살아서 이 존재가 되지 않고는 영원히 살 수가 없을 것이다.

사람이 살아서 영생천극락 가는 방법은 이 대우주에서 자기 위주로 자기중심적으로 가진 자기의 마음과 몸을 없애고 자기의 망념이 가진 우주라는 것마저 없애면 순수하늘만 남을 것이다. 이 존재가 진리다. 자기가 이 존재의 마음과 몸으로 다시 나면 그 나라가 영생이고 천극락이다. 이 존재는 시작 이전에도 있었고 시작 이후에도 있는, 그냥 존재하는, 스스로 존재하는, 일체가 비어 있는 가운데 신이 존재하는 것이다. 이 존재는 아무리 없애도 없어지지 않고 이 존재는 살아 있으나 사람의 눈은 자기 마음에 있는 만큼 보기에 보이는 것만 가지고 있고 안 보이는 영원불멸의 진리 자체는 자기 속에 없기에 자기 마음속에 없는 것은 사람은 보지도 듣지도 못하고 또 안 가졌기에 모른다. 또 되지 못한다. 사람이 진리가 될 때 이 땅 이곳이 천극락이고 영원히 살 수가 있는 것이라.

천극락에 가는 방법은 자기 모양만한 자기의 마음과 몸 없애고 우주에 있는 삼라만상의 형상 자체를 다 없애고 천지만상의 근원 자리인 대 영과 혼 자체가 자기가 될 때 또 자기의 마음이 될 때 하나인 에너지와 신 자체가 자기 속에 있을 때 진리 존재 따로 자기 따로가 아닌 하나 자체라.

그 나라에는 개체 전체가 하나이고 개체가 전체인 진리라 사는 것이다. 또 그 나라는 있음 없음 자체가 하나 자체라. 하나 자체인 그 나라에 난 것은 이 몸이 없어져도 진리의 몸 마음 자체인 마음으로 살 수가 있는 것이라. 마음이란 형체 자체이고 참마음이란 진리 자체이고 이 자체의 진리 가진 자는 진리 가져 살 수가 있는 것이라.

진리나라는 진리만이 살 수가 있는 나라이고 진리인 것만 있는 나라라. 이 나라가 사람이 살아서 자기가 참인 진리가 되지 않고는 살 수가 없는 나라라. 자기의 영혼이 영원불변의 에너지와 신이 되지 않고는 살 수가 없는 나라라.

진짜 가짜

어두컴컴한 이른 새벽에 거름을 지고 산 넘어 밭에다 거름 내러 가는 사람의 기침 소리가 들린다. 열심히 살아가는 사람의 모습이다. 언제나 열심히 살아가고 있어라.

내가 어렸던 그때 그 시절의 많은 이는 자식새끼는 많고 먹고 입을 것도 없이 가난했던 시절이라, 어머니는 항시 부지런한 사람들은 이미 잠 깨어 일하러 갔다고 말씀하셨고 게으르면 못쓴다고 말씀도 하셨다.

나의 젊은 시절은 방황의 시절이었어라. 세상이 못마땅하였고 가난했던 집안에 백도 돈도 없던 시절이라. 세상에는 아첨 잘하고 잘 먹고 사는 자가 인정을 받던 시절이고 나랏돈도 있는 자만 받아서 쓸 수가 있었어라.

세상 살면서도 아둔하고 꾀가 없는 나는 나를 알고 있기에 꾀부리지 않고 몸을 열심히 움직여 부지런히 살았어라. 그 덕에 나는 먹고살기가 괜찮게 잘살 수가 있었으나 마음에는 항시 인간이 밥만 먹고 이 몸 위해 충성하는 나가 싫었고, 인간이 세상에 나와서 어디에서 와서 왜 살고 어디로 가는지 의문의심이 있었고 또 인간이 인간의 한세상만 사는 것이 전부가 아니라는 생각이 들고, 인간의 한세상은 너무나 뜻이 없고 허무함만 있음을 아니 내가 알고 살아야 한다고, 항시 이 허무한 인생사에 딴 방법이 있으리라는 생각이 들었어라. 또 인생사가 이 세상 사는 이것만이 아니라는 생각이 들었어라. 한세상 인간이 살아가는데 성인은 왜 성인이고 평인은 모두가 그냥 허망하게 살다가 가는지에도 의문이 있었어라.

수많은 의문이, 나가 죽고 나의 마음이 본래가 되어 속 좁은 인간의 마음에서 창조주의 마음으로 다시 나니 세상의 이치와 수많은 의문이 모두가 해결이 났어라.

나는 나가 진리임을 알고 세상 사람들에게 진리를 알고 되게 하는 일을 내가 해야 한다는 것을 알았을 때, 나는 정말로 세상에서 가장 어렵고 어려운 것을 해야 하니 앞이 캄캄하여 일년간은 학원을 경영하면서 글만 쓰고 진리에 관하여 연구에 연구를 하였지. 진리를 펴고 안 일이지만 사람은 진리가 되기가 하늘에 별 따기보다 힘드는 것을 알게 되었지.

세상 살면서도 나는 나가 가장 나쁜 사람임을 알고 한번도 제대로 웃지도 못하고 나쁜 나를 꾸짖으며 살았지. 회개와 참회를 시키다 보니 사람들은 자기가 죄인인 줄 모르고 당연하게 살아가고 있어 자기가 가장 나쁜 사람임을 감추고 이중 삼중 마음에 살았어라.

죄인이란 자기를 위하여 자기중심으로 쌓은 마음이고 죄인이란 진리와 하나가 되지 않는 것이 죄인이고 죄란 진리가 되지 않는 것은 모두가 죄인이라.

진리가 된 자는 죄를 다 사하여 인간 완성인 새 사람으로 난 자라.

사람은 자기를 진리에 다 바쳐 자기의 마음 몸이 진리로 다시 나면 모두가 진리인 하나 자체라 죽음이 없는 것이라.

우리의 민족은 한도 많고 원도 많았는데 그 원한을 다 풀고 서로가 진리로 거듭나서 하나가 되는 때라. 남의 나라 것만 좋다고 하지 말고 가장 지고한 진리가 이 땅에서 나왔으니 모두가 하나가 되고 사랑하여 세계가 하나로 종교가 하나로 사상이 하나로 철학이 하나로 학문이 하나로 모두가 진리가 되는 것만이 그것을 이룰 수가 있는 것이라.

창조주는 살아 있고 창조주는 진리라.

우리 민족이 그 자체로 모두가 거듭나고 그 자체의 나라에서 하나로 살아야 하지 않겠는가. 세계의 모든 이는 정신의 으뜸국인 이 땅 이곳에 모두가 와서 이 공부를 해야 하지 않겠는가. 정신의 어버이국을 우리가 만들어야 하지 않겠는가. 우리의 자손은 이 정신을 가르치면 세계만방의 사람들이 찾아와 잘 사는 나라가 되지 않겠는가.

참과 허를 사람이 모르는 가운데 참은 참 알고 허도 알지만, 허는 허도 참도 모르니 무엇이 참이고 무엇에 속아 사는지도 모르니 모두가 자기의 마음을 넓혀 참인 자가 되면 세상의 이치를 알 것이고 죽지 않고 살 것이고 사이비다 오이비다 이단이다 삼단이다도 진짜가 안 되는 곳이 사이비이고 이단일 것이 아니냐.

자기가 자기 자신에게 자기가 지금 진짜냐고 물어보아, 지금 진짜가 아닌 자는 진짜가 아니라 진짜 나라에는 못 갈 것이고 진짜가 아니라 살지도 못할 것이다. 가짜는 가짜 나라인 허상인 가짜 나라에 살 것이고 또 그 나라는 없는 가짜라 죽음일 것이다.

사람의 죄와 업이란

이 세상에는 천지 만물만상이 지어진 근본 자체인 만고불변의 진리인 존재가, 하늘 이전의 하늘인 우주의 정과 신이 있다. 이 존재는 영원 전에도 있었고 지금도 있고 영원 후에도 있는 살아 있는 비물질적인 실체인 존재다.

이 존재는 물질이 아니라 사람들이 볼 수도 들을 수도 만질 수도 냄새도 맛도 없으나 이 존재는 살아 있고 이 존재만이 영생불멸의 존재라. 이 존재가 만상의 본래이고 이 존재가 만상의 근본이고 만상은 이 존재로부터 나왔고 또 이 존재의 모양이 만상이다.

창조주인 이 존재는 전지전능하여 만상을 다 내고 만상의 근원이 이 존재이나 인간이 생성기 성장기 결실기의 과정 속에서 인간이 이 세상에 많이 번식하기 위하여 미완성 시대에 인간은 자기중심의 마음을 가지게 되어 이 존재와 하나가 되지 못하였다.

인간의 거짓마음은 사람의 눈 귀 코 입 몸에 의하여 완전한 하나님의 나라인 이 세상을 자기 마음속에 사진을 찍어 놓고 그 사진의 주인이 되어 살아가고 있다.

과학적으로 사진기는 눈의 원리와 같다고 우리는 초등학교 다닐 때 배워왔다. 우리는 어디에 놀러가서 실제를 허상인 사진을 찍어온다. 그래서 그 사진을 보고 추억을 되새기곤 하지만 실제는 놀러간 그곳이 실제요, 사진은 허상이 아닌가. 그처럼 인간은 눈으로 마음속에 어릴 때 고향도 찍어 간직하고 또 친구, 부모, 부모님의 친구와 또 동리 사람들을 모두 사진으로 자기 마음속에 다 찍어 놓았다.

초등학교 중학교 시절과 고등 대학 기타 사회에 생활한 일체 것을 자기 마음속에 본 것은 눈으로, 들은 것은 귀로, 냄새 맡은 것은 코로, 말한 것은 입으로, 감촉은 몸으로 마음에 모두 찍어 놓아서 그 사진으로 살아가기에 허상에 산다고도 하고 또 망상에 산다고도 하고 또 지옥에 산다고도 한다. 자기가 만든 마음의 세계에 사는 것이 지옥이요 그 관념과 관습 속에서 자기 것이 맞다고 생각하고 사는 것이다.

죽어도 이 마음의 세계를 가진 자는 그 속에 살 것이요 이것이, 없는 망상인 허상의 세계라 죽음일 것이다. 사람이 완성된 다시 말하면 진리인 이 천지와 하나가 되어 있으면 세상은 이미 완성이 되어 있고 다 살아 있는 영생불멸의 천국이나 자기가 만든 지옥의 세계를 가지고 있기에 지옥에 갇혀 사는 것이라.

가령 우명이란 존재는 사진이 실이 아니고 있는 그대로인 실상이 진짜인데 사람은 자기 마음속에 살아오면서 하나의 자기가 주연인 비디오테이프 속에 있으니 생명이 없는 것이라. 이 비디오테이프를 없애고 세상이 되어 살면 세상의 이치를 다 아는 지혜자인 성인이 될 것이다.

자기 속에 비디오테이프의 주연은 생명이 없기에 그 각본대로만 살 것이나 마음수련회는 이 허상인 사진을 다 없애고 완전 진리인 세상이 되어 산 나라인 또 천극락인 이 나라에 나서 근심걱정이 없고 자유고 해탈이고 영생불멸의 신의 자식으로 다시 나 살기 위하여 거짓의 망념의 사진의 세계를 다 없애고 참인 우주의 몸 마음으로 영과 혼이 다시 나서 살아서 영생천국 가자는 것이다.

이 세상은 이미 깨쳐 있고
이 세상은 이미 완성되어 있으나
사람이 자기가 만든 마음의 세계에 갇혀
하나의 사진의 주인이 되어 살아가고 있으니
사람은 세상에 나와 있지 못하고
자기가 만든 지옥에 갇혀 있으니
죽어 있는 것이라
사진에 참 생명을 붙이는 것은
사진을 모두 태우면 세상만 남고

세상에 사람이 되면
그것이 인간 완성인 진리로 다시 나는 것이라
사람은 자기가 경험한 일체의 것을 마음속에 가져
세상과 하나가 되지 못하니
이것이 업이고 죄인 것이라
인간이 그 마음의 세계가 없으면
세상만 남지 않는가
사람은 세상이 못 되어
세상에 나지 못해
세상에 살지 못하고 있는 것이라
세상의 몸 마음으로 다시 나
영생불멸의 신으로 다시 나는 것이
거짓마음 닦는 마음수련회의 공부라

산 것 죽은 것은 하늘 땅 차이다

빈 하늘이 천지만상의
근원 자체이니 없음이지만
있어 천지가 나고
만상이 난 것이라
없음이 있음을 낳고
그 없음이 사람 속에 없기에
없음이라고 하나
자기 마음속 있어 보면
그것은 영과 혼 자체라
그 자체만 참 생명이라
그 자체가 사람 속에 없기에
그 사실을 모르고 있어라
그 자체만 산 것이고

살아 있는 것이라
그 자체 된 자만 산다

마음속에 가진 만큼
알고 말하고 행하고 산다
자기 속 천인지 가진 자는
천인지의 참뜻을 안다
천인지 되어 천인지의
참뜻으로 사는 것이 참 삶이라
바람 이전 있구나
구름 이전 있구나
만상 이전 있구나
그 자체가 진리고 살아 있으나
산 것을 사람이 모르는 것은
그 자체를 마음속 가지지 않아 몰라라
그 자체만 진리고
그 자체만 영원 영원히 살구나

잘난 사람 못난 사람
산 사람 죽은 사람
지혜자요 우매한 자요

실 가진 자요 허 가진 자요

살고 죽고 차이인

하늘과 땅의 차이라

참 찾아오소

그대 날 알고 싶거든
그대 날 찾고 싶거든
그대 날 보고 싶거든
또 그대 나 닮으려면
그대 나 자체와
하나 되고 싶거든
하늘나라에 오소
하늘이 되어
하늘나라에서
영생불사하게
나와 함께 삶 사소
마음이 하늘 된 자만이
나를 보고 알 수가 있고

마음이 하늘 된 자만 진리라

나의 나라에서 영원히 살 수가 있소

영원불사신이 하늘이라

그 자체의 지혜 가지고

천지와 함께 영원히

삶 살 수가 있소

일체가 사는 신령(영혼)의 나라

이 천지에서 영원불사신이란 하늘 이전의 하늘이라. 그 자체는 없되 신령이 존재하여 신령스럽게 천지가 창조가 되는 자리라. 천지만상의 일체는 이 신과 영의 표상이라. 이 천지만상은 그 자체가 조건이 되면 그 자체의 형상으로 나타나는 것이라.

이 자체는 대 영과 혼 자체이고 천지의 일체는 이 자체인 영과 혼으로 나타나서 또 이 자체의 영과 혼으로 이 자체의 나라에서 영원히 사는 것이라. 개체 자체가 진리의 영과 혼 자체라 죽음이 없고 개체마다의 마음인 영혼이 모두가 살아 있어 그 마음이 살아 진리가 된 자는 죽음이 없이 영원히 살 수가 있는 것이라.

천지의 만상은 이미 깨쳐 있고 천지의 만상은 진리나라에서는 다 살아 있으나 사람이 그 마음인 영혼에 자기의 집착된 망념의 마음인 허상을 담고 있어서 사람은 생명의 영혼이 아니라 죽어 있는 것이라. 또 참 생명의 영과 혼이 없어라.

천지의 주인의 영혼으로 다시 난 자는 개체가 천지의 영혼 가지어 죽음이 없으니 그것이 영생이고 부활이고 천국에 영원히 사는 것이라. 진리인 하늘의 몸과 마음으로 다시 나니 우주의 빛(신)과 에너지 자체라 죽음이 없는 것이라.

이 몸이 이 세상에 난 이유는 영생불사신이 되기 위하여서이고 영원히 살기 위해서다.

불사신이 된 마음은 일체가 끊어진 마음이고 아는 것조차 없는 마음이고 공 그 자체의 마음이고 일체의 번뇌가 없고 아무런 마음조차 없으나 그 마음 자체가 지혜의 신의 마음이라. 안다는 것이 붙어 있으면 망념이고 궁금한 것이 있으면 그 망념이 궁금한 것이라. 궁금하고 의문의심이 있고 번뇌가 있고 또 모르는 것이 있으면 그것은 망념이고 그 일체가 없으면 신의 마음이라. 다 알아서 궁금하고 의문의심이 없고 번뇌가 또 없는 것이라.

창조주인 진리의 심은 그 자체가 성령 성혼 자체라. 그 자체로 난 자는 개체가 에너지와 빛(신) 자체라. 천지의 일체를 가지고 천지의 일체의 나라에서 죽음이 없이 사는 것이라. 참 생명 자체로 나서 개체가 생명의 신 자체라 죽음이 없이 사는 것이라.

사람이 자기의 영혼을 진리인 우주의 에너지 빛(신)인 영혼으로 살아서 다시 나지 않고 죽으면 죽음 자체라. 살아서 진리 된 자라야 진리나라 살 수가 있는 것이라. 개체 속에 살아 있는 진리의 영혼 자체라 죽음이 없고 살아 있는 진리의 나라 살 수가 있다. 우주의 살아 있는 진리의 영과 혼으로 우리의 마음을 바꾸어 모두가 한 번밖에 없는 이 생명을 살려야 하지 않겠는가.

자기의 마음속에 창조주인 진리를 모신 자는 그냥 그대로 살아 있는 진리의 나라에 살아 천국 난 자요, 이 땅 이곳이 불국토라. 이곳에서 영원히 그 진리의 영과 혼인 자기는, 또 이 천지는 살 것이다.

힘든 세상이
힘 안 드는 세상으로

세상살이가 그렇게 쉬우냐
세상은 변하고 변하여
사람의 정신을 못 차리게 하여
정신을 나가게 하는 때에
세상살이가 쉬우냐
그 시대의 변천하는 때에
그 시대에 맞추어 살기도
또한 힘이 든다
잘사는 자는 시대의 변천의 때에
그때에 맞추어 사는 자는
먹고살기가 괜찮고
그 시때를 욕하고
현실과는 거리가 먼 자는

먹고살기가 힘이 들 것이다

인간사가 자기의 이기적인
자기 생각대로 자기를 위해
세상이 전개가 되지 않듯
자기의 마음대로 되지 않는
세상이라 힘이 드나
잘살고 못살고에 속해 있지 않고
세상의 입장에 서서 보고 살고
자기가 하는 일에 묵묵히 일하고
자기가 하는 일에 그냥 하고 살면
세상살이도 나가 없이 살고
힘이 드는 나마저 없이 그냥 살면
고통과 지옥과 번뇌가 없고
잘 살 수가 있을 것이라
세상 탓도 남 탓도 하지 말고
탓하는 나의 그 마음을 없애면
세상은 밝아지고
세상은 하나가 되고
너의 탓 너의 잘못이 아닌
나의 잘못임을 아는 자가

바로 자기의 죄임을
아는 자가 현명한 자라

자기를 속죄하여
참 자기인 진리로 살면
세상은 천국이고
세상은 재미가 있을 것이라
이 세상 저 세상이 둘이 아니고
하나인 세상에서
나 위해 살아도
이룬 것이 하나 없고
또 뜻과 의미가 없어라
그러나 세상을 위해 살면
그 마음에 기쁨이 있을 것이라
그 마음에 만족이 있을 것이라

마음에 참인 재물이 없어
사람은 빈하게 살고
그 마음에 쉴 곳이 없어
허만 쫓아다니다
허상의 세상으로 가니

뜻과 의미가 없는 생이라
자기의 마음에 복 짓고
자기의 마음에 복 쌓고
바람과 물처럼 사라지는 인생사에
그 집착의 자기를 위해 살고 있으니
생이 힘이 드는 법이라
부귀영화에 마귀만 키운 격이라
뜻이 없고 허만 차 있어라

참마음에 참마음의 실 가진 자만이
영원히 그 복으로 살아
힘이 안 들고
가장 잘 사는 것이다

본모양으로 살아라

날아가거라
쉬어가거라
뛰어가거라
걸어가거라
모두가 그 모양 자체구나
울지 마라
웃지 마라
그냥 살아라
그대로 살아라
본양대로 살아라
그 마음이 없이
자연 따라 자연처럼
비 바람 구름 물 천지의 만상처럼

그렇게 마음 없이 살아라
해도 한 바가 없고
대자대비
참으로 사랑하고
참으로 정 가지고
순리로 살아라
자연이 모든 혜택으로
만상을 살게 하였듯이
그렇게 천지에 대정인 순리로
그냥 하고 그렇게 살아라
몸인 자기만 위해 사는 것이
참 자기는 죽어 버리고
참 자기는 없어 죽어 버리니
본양 되어 본양대로 살아라
본양은 있되 없고 없되 있는
비물질적 실체라
대자연 자체이고
그냥 있는 진리라
시비와 분별이 없어라

평범한 가운데 최고가 있다

높고 높은 산에는
나무가 없듯이
인간도 자기가 잘난 사람은
나무가 자라지 못하듯
주위에 사람이 없다
자기가 없어 큰 마음인 자는
이것저것이 다 수용이 되고
자기가 없어 참인 자는
사람과 친함이 극치라
다 사랑하고
대자대비하고
대정으로 대하고
대정으로 살려주어도

살려주었다는 그 마음조차 없이
본심의 시비분별이 없이
일체를 수용하고 살구나
일체가 자기 속에서
다 살아 있구나
평범 속에 비범이 있고
잘난 자는 저만 잘나고 저만 높지만
평범한 자는 모두를 수용하는
가장 위대한 마음이고
가장 잘난 비범한 창조주의
지혜를 가져 살구나
세상 속에서 세상 사람들과
격의가 없이 어우러져서
참 정으로 사는 사람이
잘난 자임을 아는 자가 없고
저가 대우 받고
저 혼자 잘나 어울리지 못하고
좋고 나쁘고의
자기의 기준 가지고 사는 자는
못난 사람이라
잘난 자는 진리로 난 자요

못난 자는 진리로
못 났다는 뜻이라
잘 살아라도 진리로 나서
살라는 뜻이고
못 살아라도 죽으라는 뜻이라
일체가 하나이고
만인이 좋아하는
그 마음에 가시가 없는
그냥 보는 자가 되어
허물이 있어도 그냥 보고
자기 마음이 없는 자가 잘난 자라
평범한 가운데 비범함이 있고
그 평범이 가장 위대하고
그 평범이 가장 잘난 것이고
그 평범이 가장 지고한
완전함임을 아는 자가
참 평범하지 못해 없구나
평범자는 큰 마음이라
일체를 수용하구나

다 이룸이란 다 깨침이고 또 완성이란

말없이 자연처럼
말없이 천지처럼 사는 삶이란
진리의 삶이라

진리란 우주의 대 영과 혼 자체라. 진리가 된 자란 진리의 영혼으로 다시 난 자라. 창조주란 이 대 영과 혼이고 이것만이 영생불사신이라. 이것이 우주의 에너지 빛 자체라. 이것이 진리이고 이것의 몸 마음으로 다시 난 자는 이 자체가 진리라 죽음이 없다.

성경에 보면 빵으로만 살 것이 아니고 하나님의 말씀으로 산다는 것도 말씀은 로고스(Logos)인 이성(理性)이라. 이성이란 뜻은 근본 성품인 것이라. 하나님의 말씀은 근본 성품인 하늘 이전의 하늘이라. 말씀으로 천지를 창조한 것도 근본 성품인 창조주이신 진리 자체라.

진리란 창조주이신 우주 이전의 우주이고 하늘 이전의 하늘인 창조주이신 우주의 대 영과 혼 자체라. 이것은 영원불사신이고 이 신 자체가 된 사람의 마음은 죽음이 없고 이 불사신의 나라에 영원히 살 수가 있는 것이라.

이 자체의 신만이 천지를 창조했고 이 자체의 신만이 천인지 일체를 살릴 수가 있을 것이라. 사람은 이 세상에서 자기가 잘나 사는 줄 아나 신의 섭리에 사는 뜻을 모른다. 무한대 우주의 대 영과 혼은 천지를 창조하여 천지만물을 있게 한 후 천지만물과 사람이 이 땅에 많이 번식하게 하는 때가 있었고 많이 번식한 후에 인간이란 곡식을 거두어들이면 인간이 많이 살 것이 아닌가. 이것이 신의 섭리인 것이라. 이 신이 인간으로 와야 인간이 신인 진리가 되어 인간 완성을 이룰 수가 있을 것이라. 진리인 인간이 진리인 사람으로 낳을 수가 있는 것이 진리인 것이다.

천지만상이 음과 양이 있는 것은 그 신의 표상이고 그 음양인 신 자체인 본래로부터, 다시 말하면 진리인 우주의 에너지와 빛 자체로 다시 나면 영생불사할 것이라.

콩이 있어야 콩이 나고 밀이 있어야 밀이 나고 쌀이 있어야 쌀이 나고 보리가 있어야 보리가 나듯, 또 소가 있어야 소가 나고 또 돼지가 있어야 돼지가 나고 사람이 있어야 사람이 나듯, 진리인 사람이 있어야 진리인 사람이 날 수가 있는 것이다.

인류는 오랜 세월 동안 진리 탐구도 많이 하고 또 진리 이야기도 많았으나 정작 진리의 이야기는 자기가 안 만큼 했고 또 성인은 그 자리를 자기가 안 만큼 이야기했을 것이다. 그러나 그 존재를 되게 하는 것은 진리 존재의 몫일 것이다. 사람이 진리가 되는 것이 아니고 진리가 있어야 진리로 나게 할 수가 있을 것이다.

만약에 진리가 된 자가 있다면 그 진리가 된 방법이 있을 것이다. 세상에 그 진리가 되는 방법이 없는 것은 진리가 된 자가 없었는지도 모른다. 우리는 흔히들 옛날에 많은 이가 진리가 되었다고 막연히 생각하나 깨침의 정도가 어디까지이며 무엇을 깨쳤느냐가 문제인 것 같다. 인간이 완전한 창조주이신 진리 자체로 난 자는 100% 우주의 영혼 자체로 다시 난 자이어야 한다.

자기 속에 신이 임한 자는, 다시 말하면 우주의 창조주의 신이 자기 속에 있는 자는 그 생각의 뭉치에 신이 나서 신인 혼줄이 우주의 혼과 하나로 확 트여 있을 것이고, 영인 우주의 영으로 다시 난 자는 물질 비물질이 하나임을 알아 자기 몸 자체가 진리의 몸으로 화하였을 것이고, 그 마음 자체가 우주의 영혼 자체로 다시 난 자는 자기가 완전하구나를 깨쳐서 과거의 나가 없고 미래의 나가 없고 그냥 그대로 진리 자체인 창조주의 영과 혼으로 영원불사신으로 다시 나 영원불사신의 나라 살 것이다. 개체가 전체인 영혼이요 전체가 개체인 영혼이요 안팎이 하나인 우주의 에너지와 빛(신) 자체라 죽음이 없을 것이다.

아무튼 진리가 하늘 이전의 하늘인 영과 혼이라면 우리의 몸과 마음이 그 영과 혼으로 다시 나지 않으면 살 수가 없는 이치다. 진리만이 진리를 가르칠 수가 있고 진리만이 진리를 되게 할 수가 있고, 지금은 누구나 그 진리가 되어 인간이 완성이 되어 생사가 일여하면 영원히 사는 때이다. 이 지옥인 이 세상에서 나의 마음을 없애고 나의 몸을 없애고 지옥세상인 이 땅과 하늘 없애면 없어지지 않는 진리가 나오고 진리나라가 있어 진리가 되고 진리나라를 가진 자만 이 땅 이곳에서 진리인 영과 혼인 자기의 모양이 비물질적인 실체로 진리의 나라에 영원히 살 것이다.

죽음

구름이 한가히
드넓은 하늘에 떠 있구나

천지의 이치를 사람은 모르고
천지의 뜻을 사람은 모른다

이 천지가 있고 나가 있고
이 천지의 조화로 나가 있구나

이것저것이 있어야 저것이것이 있어야
천지만상이 있는 이치를 아는 자가 없구나

마음속에 가진 마음에

인간은 부질없이 죽고 말구나
가는 자는 갈 곳이 없고
죽음인 지옥에 살고

그 시때인 그때의 시간인
그 철에 들지 못한 연유로 그러하구나

진리 된 자만 산다

수많은 세월 속에
인간인 나가 세상 난 것은
살기 위해 난 것을
그 뜻 아는 자도
조물주의 뜻 아는 자만 알 것이라
무엇이 한이 되고
무엇 가지려고 하늘의 뜻 저버리고
저가 잘나 살아보겠다고 아우성치지만
이룰 것이 있겠는가
무엇을 가져야
무엇을 이루어야
이룸인지 모르고
하늘의 창조주와

하나가 되어야 하는 이치를
모르고 산단 말인가
이 땅에 난 자는 이 땅에 살고
하늘과 하나 되어 하늘 난 자는
하늘에 사는 이치를
인간은 모르누나
죽은 자는 죽어 있어
그 이치 몰라서
사람은 살고 죽고 모른다
무엇이 중요한지 모르고 빵만 찾고
진리와는 거리가 멀구나
삶이란 진리가 된 자가 살 것이고
삶이란 진리이어야 살 것이고
삶이란 진리나라가 있어야 살 것이고
삶이란 생명 자체인
영혼이 있어야 살 것이다
생명이란 그 의식이라
그 의식이 산 자는 살 것이고
죽은 자는 죽을 것이다
그 의식이 산 자란
신 자체이고 마음이고

진리인 정신이 살아 있어 산 자라
우주의 몸 마음인
진리 존재로 난 자가 산 자라
살아 우주의 본래인
에너지 빛 자체로 다시 난 자는
그 자체의 나라에 자기의
복락을 쌓은 만큼 자기 것이라
그 나라에 권세를 자기가
가진 만큼 살 수가 있는 것이라
그 복으로 영원히 살 것이다
사람 마음에 가진 만큼
사람이 살 수가 있듯이
사람의 마음이
진리로 다시 난 자는
그 마음이 진리라
죽음이 없는 법이라
그 마음이 진리의 몸과 마음인
영과 혼으로 다시 난 자는
그 진리의 나라에서
영생불멸히 살 수가 있는 것이라
창조주란 진리로 거듭난 자가

창조주인 창조주의 자식이라
진리만이 진리를 낳을 수 있는
이치 모르누나
사람은 자기의 집착된 마음속에
이 땅 이곳에 진리가 있어도
진리를 아는 자가 없구나
그 진리만이 진리를 가르칠 수가 있고
그 진리만이 진리를 될 수 있게
할 수가 있는 법이라

대자연이 오묘하여라
이것이 있어 저것이 있고
저것이 있어 이것이 있어라
천지의 일체가 이것저것이 있는 가운데
세월 따라 수많이 없어지고
있어지기도 하고 변하여 가구나
그것이 모두가 자연의 조건이라
부엉이가 우는 곳에 늑대가 따르고
개구리가 있는 곳에 뱀이 있고
쥐가 있는 곳에 고양이가 있어라
수많은 것이 왔다가 가도

그것은 모두가 대자연으로 되돌아가고
그 대자연의 정신인 영혼만 그냥 있구나
있다가 없어지고
없다가 있어져도
모두가 그 자체나
땅에 조화에 난 일체는
그 조건에 모두가 살다가
조건이 다하면 모두가 가고 없구나
있음이 있어 있음이 낳아졌고
그 있음의 원래가 하나인
이 대우주의 영혼 자체라
사람은 살다가 몸이 죽지마는
그 정신이 참인 진리의 죽지 않는
영혼으로 다시 난 자는
그 영과 혼으로 영생불사하게
이 천지에서 살 것이라
개체 전체가 하나인 것은
그냥 전체 자체라
그것이 전체라
개체가 그냥 전체 자체라
개체 속에 전체인

우주의 몸 마음인
에너지와 빛이 우주와 하나라
개체가 진리로 거듭나서
그것이 죽지 않는
우주의 에너지 빛 자체라
진리 된 자는
사람이 보는 것도
진리가 보는 것이요
사람이 듣는 것도
진리가 듣는 것이라
일체는 그 자체인
진리가 보고 듣고
진리의 모양이
사람이고 천지만상이라
사람 마음속에
하늘인 진리 가진 자는
진리가 사람 속에 있어
개체 전체가 진리에서는 하나 자체라
그것이 하늘나라 진리인
에너지 빛(신) 자체라
죽음이 없는 것이라

신은 살아 있되 그냥 존재하나
모양이 신 되면
자연의 큰 마음으로 변하여
순리의 삶을 사는 것이라
일체가 진리나
또 진리나라 사나
사람이 그것을 못 보고 못 듣는 것은
사람의 마음속에는 그것이 없어서라
내 마음과 몸을 다 바치지 못해
그것이 못 되어서라
그 자체인 나가 된 자는
나가 그 자체의 몸 마음으로
다시 났기에 죽음이 없어라
그 자체인 나라에 있는 일체는
개체 전체가 하나라 사는 것이라
살아 진리가 된 자는 죽음이 없고
영원히 살 수가 있는 것이라

빛 나라

새 나라
새 천지
새 세상
새 마음
새 땅 새 하늘
산 세상
산 나라
산 천지
산 마음
산 땅 산 하늘
참 세상
참 나라
참 천지

참 마음

참 땅 참 하늘 ▩

닦는 자와
다 이룬 자의 차이

날 위해 찾아오소
날 보러 찾아오소
나 되어 찾아오소
참 다 이룬 자라
저 위해 오는 자는 닦는 자이고
날 위해 오는 자는 다 닦은 자라

나의 나라 일하는 자 닦은 자요
나의 나라 일하는 자 이룬 자요
나의 나라 일하는 자 복 쌓는 자다
나의 나라 일하는 자 하늘의 권세 가진 자요
나의 나라 일하는 자 천복 쌓는 자다
나의 나라 일하는 자 참인 자라

나의 나라 일하는 자 순리의 삶 사는 자라

나의 나라 일하는 자 지혜자이라

나의 나라 일하는 자 다 이룬 자이라

나의 나라 일하는 자 영생복락을 쌓는 것이라

나의 나라 일하는 자 죽지 않는 재물 쌓는 자다

주인은 하늘이나 만상 또한 주인이라

산은 높고
산천의 물은 맑은데
새소리만이 한가히 나누나
인간이 시끄러이 사는 도회지에
새는 이곳이 인간이 사는
도회지처럼 제 터이구나
이 새 저 새의 울음소리가 괴이하구나
모두가 저마다의 말일 것이다
자연만 짙게 푸르고
수목만 울창한 가운데
그 자연이 어디서 왔는지 알지 못하구나
모두가 제 모양대로 살구나
하나의 정신에서 와서

하나의 정신으로 가고
모두가 자기의 생명 가졌구나
모두가 새 생명 자체구나
하나님 부처님이 이미 세상을
다 구원하여 놓았구나
이 천지는 이미 깨쳐 있고
이 천지는 이미 살아 있구나
새 세상에는 죽음이 없고
새 세상에는 고통이 없고
새 세상에는 늙지도 않고
새 세상에는 병도 없고
새 세상에는 그냥 그대로 영원히 살구나
새 세상에는 있되 있음이 아니고
없되 없음이 아닌 참만이 살구나
이 천지가 있는 것도
있음에서 있음으로 있는 것이지
없음이 있는 것이 아니라
원래는 일체가 없는 것 같으나
하늘이 없는 것 같으나 하늘이 있듯이
그 하늘이 주인이라

하늘에 구름이 없으면 하늘만 있고
하늘에 구름이 있어도 하늘이 있어라

하늘에 별이 없어도 하늘은 있고
하늘에 별이 있어도 하늘은 있다

하늘에 태양이 없어도 하늘은 있고
하늘에 태양이 있어도 하늘은 있다

하늘에 달이 없어도 하늘은 있고
하늘에 달이 있어도 하늘은 있다

하늘에 지구가 없어도 하늘은 있고
하늘에 지구가 있어도 하늘은 있다

하늘에 사람이 없어도 하늘은 있고
하늘에 사람이 있어도 하늘은 있다

그 하늘이 만상을 내고
그 하늘이 만상의 어버이라

만상은 그 하늘의 자식이고
만상은 그 하늘의 표상이고
만상은 그 하늘 자체이고

이 하늘은 시작 이전에도 있었고
이후에도 영원히 있는 것이라

이 자체만이 영원히 살아 있고
이 자체는 진리인 에너지와 신 자체라

이 자체는 만고불변 진리인
살아 있는 존재라 창조주이시고
이 자체로 다시 난 자는 기적인 자라

진리와 사람은 둘이 아니다

우리 민족은 오랜 예로부터 천지신명을 찾았고 또 하느님을 찾았다. 아이를 낳으면 삼신할머님께 빌기도 하였다. 이 삼신할머니라는 존재는 만물의 형상의 창조주이신 진리 자체의 보신불이고 또 성령이라는 존재이고 또 정이라는 존재이다. 우리 민족은 예로부터 진리의 존재와 함께 살아왔으며 신과 더불어 살아왔다.

아득한 예로부터 예언서인 정감록은 우리 민족의 운명은 물론 진리가 되어 모두가 진리의 세계가 되는 때를 상세하게 예언하여 놓았다. 우리 민족의 예언서에는 마음을 닦아 모두가 부처가 되고 마음을 닦아 천극락의 세계에 가고 모든 민족의 스승의 나라가 된다고 되어 있다.

사람들은 이 세상을 자기의 멋대로 살고 자기 뜻으로 사는 줄 아나 세상은 본래 존재인 신명이 있어 그 신명의 뜻에 세상 사람이 그 각본에 사는 것을 모르는 것이다. 신명 자체가 살아 있어 사람인 신명이 와야 사람이 신명 자체라 사람과 신명이 그냥 하나라. 신명이 진리인 고로 진리가 사람일 때 사람을 가르칠 수가 있고 사람을 진리 되게 할 수 있을 것이다. 또 누구나 신명 자체로 난 자는 신명 자체라.

흔히들 공부를 시키다가 보면 진리 존재 따로 사람 따로 서로 다르게 생각하는 사람이 많다. 진리가 사람일 때 사람에게 진리를 가르칠 수가 있고 진리 되게 할 수가 있을 것이다. 모양과 밖에서 진리를 찾으려는 자는 영원히 진리를 못 찾을 것이다.

하늘인 진리는 말이 없으나 그때 그 시에 인간에게 진리가 되게 할 수 있는 진리의 존재가 나타나는 것이라. 그 시때인 그 철에 그 시간에 우리는 드는 것이 복 중 복이라.

깨친 자는 말이 없다는 뜻은

깨친 자는 말이 없다는 뜻은
진리가 되고 완성이 된 자는
시비와 분별이 없고
그 마음 자체가
가장 큰 마음이라
진리심이 되면
다시 말하면
다 깨치면
그냥 보고 그냥 살기에
말이 없다는 뜻이라
일체를 그냥 보기에
말이 없다는 뜻이다

깨쳐야 믿는 것이고
깨쳐야 살 수가 있고
깨쳐야 모든 경을 알 수가 있고
깨쳐야 영생천국 갈 수가 있다

깨침이란 참인 진리로 갈 때만 깨침이 있다. 깨침이란 자기만한 자기가 가진 마음이 우주 무한대의 하늘 이전 하늘이 된 자가 깨친 자다.

자기의 망념인 자기라는 거짓 존재가 믿는다는 것도 허상의 하나님 부처님 알라 한얼님을 믿는 것이지 참인 진리 존재의 그 자체를 믿는 것이 아니다. 가령 어떤 존재를 내가 믿는다고 하더라도 말로만 믿는다 믿는다고 했다고 해보자. 그것이 믿는 것이냐. 어떤 존재의 믿음은 자기의 마음 자체가 그 자체가 되었을 때 믿는 것이 될 것이다.

마음이 믿어야 믿는 것이 될 것이다. 마음이 믿는 것은 깨침이다. 깨치지 않는 자가 믿는다는 것은 거짓의 믿음이다. 마음이 진리의 존재로 커갈 때 커진 만큼 알아지는 것이 깨침이고 그만큼 믿어지는 것이다. 진리로 갈 때만 깨침이 있기에 그러하다. 가령 어떤 종교 단체에서 믿는다고 가정해 보자. 그곳에 자주 나간다고 믿는 것이냐, 또 기도한다고 믿는 것이냐, 찬송 설법을 잘하는 것이 믿는 것이냐, 헌금을 많이 낸다고 믿는 것이냐, 참 믿음은 마음이 믿어야 믿는 것이 될 것이다.

사람을 움직이고 행하게 하는 것은 이 마음인 고로 그 마음에 무엇을 가졌느냐에 따라서 그 마음과 행이 사람마다 서로 다르듯 또 행하듯 인간은 자기가 배운 것만큼 말하고 산다.

사람은 모두가 마음속에 다 가지기만 하고 버리지는 못했다. 이 몸이 하나님의 성전이요 부처님의 법당에 수많은 자기의 낙서만 해놓은 것을 버리고 자기라는 존재를 버리면 진리가 나타난 만큼 깨침이 있고 진리 자체가 내 마음 자체에 임하게 되니 그것이 믿음인 것이다. 믿음이란 마음이 믿을 때 내 마음이 그 자체가 되었을 때 믿음이 있는 것이다. 믿음은 깨침이다. 깨침이 믿음이다.

자기의 죄인 자기중심적인 좁아 빠진 협소한 마음을 깰 때 진리로 가게 되니 그 자기만 아는 이기적 마음을 없애니 죄를 사하는 것이 업을 없애는 것이다. 자기의 죄업을 다 사하는 것이 진리와 하나가 될 수가 있는 길이다.

자기의 마음에 가진 만큼 말하고 자기의 마음에 가진 만큼 행하듯 진리는 들어서 자기 속에 새기는 데에는 진리가 없다. 일체의 자기를 다 버릴 때 버려진 만큼 내 마음속에 진리가 있어지니 그것이 죄사함이고 업장 소멸이고 그것이 믿음이다.

마음에 진리를 가진 자는 세상의 이치를 바르게 다 알 수가 있고 성인들 말씀하신 성경 불경 기타의 모든 경을 바르게 알 수가 있는 것이라. 또 죄사함인 업장 소멸하면 이 땅 이곳이 천극락이고 살아 생사일여인 영생하고 살아 천극락 나라에 살 수가 있는 것이라. 마음속 가진 만큼 살 듯이 자기의 마음속에 진리와 진리나라 가진 자만 영생불사신이 되어 살았을 때 그 자체 가졌으니 죽음이 없을 것이다. 천극락에 났으니 천극락에 살 것이다. 살아 천극락이 없는 자가 죽어 천극락에 간다는 것은 어불성설일 것이다.

이 세상의 자기의 운명을 바꾸는 것도 마음을 고쳐먹어야 하듯이 그 마음에 진리를 담는 것도 그 요인은 죄사함하는 업장 소멸이고 죄사함인 업장 소멸이 깨침이고 죄사함인 업장 소멸이 믿음이고 죄사함인 업장 소멸이 성경 불경을 다 알 수가 있고 죄사함인 업장 소멸이 살아 영생천국 가는 길이다.

진리의 의식이 되면

의식이라고 하면 뜻을 아는 것이라. 가령 의식이 없이 산소 호흡기에 의지하여 호흡을 하고 그냥 있으면 의식을 잃었다고 한다. 사람의 의식은 자기의 마음속에 가진 만큼의 망념의 앎에 의하여 세상살이를 하고 안다고 생각하고 산다. 그리고 사람과의 대화도 생각하고 또 시비 분별 판단도 하고 산다. 이것은 모두가 자기의 주관적인 입장에서 보고 안다고 생각하고 사는 것이다.

참의 의식인 진리의 의식이 되면 일체의 아는 것이 없는 자리라. 아는 것이 없으나 바른 것을 안다. 아는 것이 끊어진 심이라. 일체가 공 그 자체라. 이 의식의 마음의 형태는 우주 무한대만한 마음에 살아 있는 의식인 신 자체의 의식이라. 그 자체는 맑다는 표현 이전의 자리고 일체가 없는 가운데 일신이 존재하여 그 일신의 마음으로 다시 난 자는 지혜의 신 자체의 의식이라. 그 의식은 이것저것에도 속함이 없고 자유고 해탈이고 아는 것이 끊어지고 공 자체이나 깨끗한 강에 똥 덩어리가 떠내려가면 보이듯 허된 말하고 허된 심 가진 자, 거짓말하고 거짓 심 가진 자의 말과 참말을 하는 자 참인 자를 바로 알 수가 있는 것이라. 해도 한 바가 없다는 말은 했다는 그 마음이 없어서이고 그냥 한 것이라.

진리의 의식은 지혜 자체이나 가진 거짓마음이 없어 의식이 없다고 말할 수가 있는, 의식이라는 낱말을 초월한 의식이라. 진리의 의식이란 살아 있는 지혜 자체이고 허망한 망념을 떠난 참 자체인 것이라.

의식은 신 자체라. 진리를 아는 것이고 일체를 다 알면 그냥 있고 그냥 살고 그대로 있는 깨침이 끝이 난 자리라. 신 자체라 항시 살아 있는 존재이나 살아 있다는 그 마음도 없는 자리라.

죽은 자란
산 자란

일반적인 죽음이라는 것은 사람의 목숨이 끊어진 것을 죽음이라고 한다. 그러나 정신적인 죽음 다시 말하면 영혼의 죽음이란 다른 것이다.

우리의 몸은 물질적이나 이 물질을 움직이는 것이 바로 비물질적인 마음인 것이다. 마음에 가진 대로 행하고 말하고 또 살아간다. 그 마음에 진리가 아닌 자기의 마음 가진 자는 몸이 없으면 꿈처럼 없으나 또 있는 나라가 지옥이요, 자기 마음이 영원불변의 우주의 에너지와 신 자체로 거듭난 자는 그 마음에 진리를 가져 죽음이 없는 것이라. 정신의 나라에 참 정신을 차려 사는 것이라. 있음과 없음이 둘이 아니고 우주의 에너지와 신 자체라 그 자체가 진리라. 그 진리로 몸 마음이 거듭난 자가 산 자라. 죽은 자는 산 자를 모르고 죽은 자는 죽은 자도 모른다. 산 자는 죽은 자 알고 산 자는 산 자를 안다.

자기의 마음에 가진 대로 생각이 떠오르고 그 생각이 있는 자는 마구니인 또 마귀인 귀신이 든 자이나 그것이 참인 줄 알고 자기가 맞다고 생각하는 사람은 자기 속의 망념을 빼고 자기를 없애어, 살아 천국 나야 살아 진리가 되어야 영원히 살 수가 있다.

지금 자기가 진리가 된 자는 진리임 알고 산 것을 아나 지금 진리가 안 된 자는 자기가 완성이 안 됨을 알 것이다. 자기가 완성인 진리가 안 된 자는 죽으면 죽어 버릴 것이다. 지옥인 없는 허상의 나라에 살 것이다.

참과 허란 무엇일까

참인 진리가 된 자는 참이고

허인 자는 진리가 안 된 자는 허인 것이다

정신 창조의 이 시대에는 참만이 사는 시대다

인간 완성이 된 자는 산 자요

인간 완성이 안 된 자는 죽은 자다

마음수련회는 무엇을 하는 곳인가

사람들은 흔히들 마음수련회가 무엇을 하는 곳인지 궁금해하는 자들이 많다. 또 자기 것이 아니면 사이비이고 오이비이고 육이비라고 말하는 자도 있을 것이다. 또 이단 삼단 팔단이다라고 말하는 자들도 있을 것이다. 그러나 마음수련회가 세월이 갈수록 많은 이들이 모이고 이 공부를 하는 것은 분명히 무엇인가가 있을 것이고 또 가족들이 함께 공부하고 친지들이 모여 공부하니 부모가 자식을 자식이 부모를 형제가 형제를 친구가 친구를 권하고 있으니 분명히 무엇인가가 다른 것이 있으니 찾아올 것이다. 또 지금 세상 사람들이 계산적이니까 득이 있으니 찾아올 것이다.

마음수련회는 자기가 배우고 경험한 자기중심으로 만들어놓은 망념의 지나간 추억의 그림자인 허상 자체를 버리고 자기가 이 세상에서 가장 죄인이니 자기의 마음과 자기를 버리는 것이 마음수련회에서 하는 것이다. 망념 속의 우주마저 버려 진리를 알고 되는 곳이라. 시종일관 자기만 버리는 곳이라. 이 우주에 자기가 없고 우주의 만상마저 없으면 순수우주인 순수하늘 자체만 남지 않는가. 순수하늘의 몸과 마음으로 거듭나게 하여 살아 생사일여 천극락에 가게 하는 곳이라. 자기를 무시하고 부인하고 자기를 버리는 곳이라. 자기 죽이고 버리는데 무슨 사이비 오이비 육이비가 있겠는가. 자기 없어야 진리로 거듭나기에 자기를 없애는 곳이라.

사이비는 진짜가 아니고 진짜 비슷한 것이 사이비이다. 진짜가 되게 하는 곳이 사이비인가. 진짜의 말만 하는 곳이 사이비인가.

살아서 지금 진짜가 되어야 하고 살아서 지금 진짜 나라인 영생천극락에 가는 것이다. 진짜란 살아서 완성인 진리가 되는 것이 진짜인 참이 아니겠는가.

사이비는 사이비 가진 마음에 사이비가 있는 고로 사이비가 사이비라고 하지 않겠는가.

모두가 자기의 마음 꼴이고 자기의 업이니 남의 탓 세상 탓 하지 말고 자기를 뒤돌아보면 이중 삼중 인격에 자기만 위하여 사는 이기적이고 위선된 자기를 깨끗이 회개 참회 하면 진리가 자기가 되고 진리의 나라가 있지 않겠는가.

마음수련회는 자기의 마음과 몸 버려 진리가 되는 곳이다. 그 거짓된 마음을 버리다가 보면 참마음이 되어진 만큼 마음이 깨끗해진 만큼 마음이 편안하여지고 마음에서 모든 병이 왔는 고로 병이 없어져 건강해지는 것을 많이 볼 수가 있고, 인간의 완성이 이루어져 누구나 성인이 되고 천지의 이치를 다 알 수 있고 살아서 생사일여 영생천극락에 가니 인간의 궁극적인 목적이 다 이루어지는 곳이다.

지혜란

세속에서는 공부를 잘하고 또 세상살이를 잘하여 출세하는 자를 지혜가 있다고 하고 어떤 일을 잘 처리하는 자를 지혜가 있다고 하나 참 지혜는 세상의 신의 의식이 되어 아는 것이 지혜인 것이다.

성경에 보면 하나님을 아는 것이 지혜의 근본이다라고 되어 있다.

지혜란 인간의 그 거짓의 마음이 다 깨어지고 진리의 신의 의식으로 바뀔 때 지혜가 있어 천지 이치를 다 알 수가 있는 것이라. 다시 말하면 신 자체이어야 지혜가 있는 법이라. 개체의 마음에서 가장 큰 전체의 신의 마음으로 거듭나야 일체를 아는 지혜를 가지는 것이라.

성령으로 거듭나야 한다

성령이란 존재는 이 우주가 거대한 대영혼 자체라 진리자리에서 영이시고 그 영에 성 자를 더 붙이면 성령이 되는 것이라. 본래의 성령의 자리는 일체가 없는 아무것도 없는 그 자리가 성령의 자리라. 이 대우주의 성령은 천지 만물만상을 다 내고 천지만상의 형체의 몸은 모두가 성령의 표상이라.

인간이 죄인이 되어 몸 마음 자체가 진리의 영과 혼이 못 되니 죄사함을 다 하여 진리의 영혼으로 거듭나는 것이 성령으로 거듭나는 것이라.

진리의 맨 마지막은 죄사함하여 진리가 될 때 성령으로 남이라. 진리의 마음과 몸으로 다시 나야 하는 것이라.

사람들이 안다는 것

사람들이 안다는 것은 사람들은 자기중심의 이 세상에서 배우고 보고 듣고 한 것을 자기 속에 자기 위주로 입력을 시켜 놓고는 그것을 가지고 안다고 한다. 그것은 자기의 주관적인 앎이라. 그것은 자기중심적인 앎이라. 60억의 인구가 살면 모두가 그 마음이 다 다른 이유가 그것이라.

인간이 왜 살고 어디로 가는가 이 질문을 했다고 하면 아무도 명확한 답을 내지 못하고 자기가 배운 만큼 이야기를 할 것이다. 참으로 왜 사느냐 어디로 가느냐는 누구나 궁금히 생각을 하지만 알 곳 또한 없다. 인간은 살기 위해 살고 살아서 사는 자는 갈 곳이 사는 나라인 진리의 나라라. 인간이 안다는 것은 그 마음에 담아 놓은 것이라.

참 앎은 그 마음에 담은 것이 없고 담은 그릇인 몸마저 없으면 참이 나오고 참이라야 모든 것을 참으로 다 알 수 있는 것이라. 다 아는 것이란 진리나라에 나서 사는 것이라. 다 아는 자란 자기가 산 자가 되고 산 자의 나라에 일하며 죽은 자를 살리고 그 나라에 복 짓는 자이라.

인간이 가진 마음에서는 지혜인 신의 의식이 없어 참의 이치를 몰라서 인간은 아는 자가 없는 것이라.

방생

방생이라고 하면 세속에서는 고기를 사다가 물속으로 다시 돌려보내는 것이 방생인 줄 알고 있다.

진정한 방생은 나가 없고 나가 진리가 되어 다시 나는 것이다. 나가 진리가 되면 나가 없어 자유라. 나가 진리가 되면 그냥 그대로 영원히 사니 자유고 해탈이고 부활이고 영생이고 천국이라.

진정한 방생은 나로부터 벗어나 진리가 되어 사는 것이라.

죽으면 썩을 몸 위해 충성치 마라

인간의 행복은 이 몸이 편안하고 잘 먹고 잘살고 무병장수하기를 바라고 자식이 잘되어 병이 들거나 죽을 때 잘 보살펴주길 바라고 그 몸을 아끼고 궂은 일 험한 일 하기를 싫어하나, 이 몸은 몇 십 년 전만 하더라도 환갑을 넘기기가 힘이 들었고 먹고살기가 나아진 지금은 일흔 혹은 여든 살까지도 사람이 산다. 그것밖에 살지 못하는 인생을 허된 그 몸을 위해 산다. 사람은 허된 그 몸을 위해 산다. 그 몸은 죽으면 썩어 누구나가 흙이 된다.

인간이 최상으로 지혜가 있게 사는 방법은 이 시때에 진리의 몸 마음으로 다시 나서 진리나라에 사는 것이다. 성경에 보면 어리석은 자는 땅에다 재물을 쌓고 지혜로운 자는 하늘에 재물을 쌓는다는 말이 있다. 진리의 마음과 몸으로 다시 나서 진리나라에 사는 삶이 자기 속인 진리나라에 복 쌓는 것, 그것이 영원히 자기 것이 되니 이것보다 더 귀중한 것이 있겠는가. 몸에 호의호식 편안함보다 자기가 진리가 되어 진리나라에 일하며 보배를 쌓는 것이 현인이 아니겠는가. 죽으면 썩을 몸에 아성을 쌓지 말고 그 몸 바쳐 진리의 나라인 마음에 하루를 살아도 복 쌓아 자기의 재산을 만들어야 하지 않겠는가.

인간의 허무에 대해 옛인들은 수없이 말해 왔다. 그 말과 시를 읊던 사람도 모두가 떠났다. 우리도 칠팔 십의 생 살다 이 몸이 없어져도 영원 영원히 사는 나라 갈 수가 있는 자는, 또 갈 곳이 있는 자는, 또 가서 있는 자는 이 참의 나라에 참 복을 가져야 그 나라에 나의 것인 그 복으로 영원히 살 수가 있지 않는가.

살아서 생사일여인 영생과 천극락 가야 가는 것이다 죽어서는 못 간다

사람들은 지혜가 없어 무엇이 바른 것인지 무엇이 참인지를 모른다. 지금 그대가 완성된 인간인 참인 진짜인가 그대에게 물어보라. 나는 수없는 사람에게 이 질문을 해보았으나 아무도 자기가 진리인 진짜이다라고 하는 자를 보지 못했다. 가짜가 가짜임을 솔직히 시인한 것이다. 자기가 미완성임을 솔직히 자기가 알고 인정한 것이다.

완성이란 부족함이 없는 것이라.
완성이란 영원히 죽음이 없는 것이라.
완성이란 다 이룬 것이라.
완성이란 영원히 사는 것이라.
완성이란 창조주인 진리만이 완성인 것이라.
완성이란 영원불사 정과 신이라.
완성이란 다 가지는 것이고

완성이란 진리 자체가 되는 것이라.

진리의 나라인 천극락은 완성된 자인 다시 말하면 진리로 거듭난 자만이 사는 나라라. 이 나라는 천지 만물만상의 어버이이신 우주의 만상만물이 나기 이전의 하늘 이전의 하늘이고 이 자체는 대 영과 혼 자체라. 이 자체는 시작 이전에도 있었고 이 자체는 영원 후에도 존재하는 불사 정과 신 자체라. 이 자체는 스스로 존재하고 그냥 그대로 없어지지 않는 스스로 존재하는 존재라.

이 존재는 아니 계시는 곳이 없으나 사람의 눈에는 보이지 않는 존재라. 이 존재는 살아 있으나 사람이 못 보는 것은 사람의 마음 속에는 이 존재가 없어 보지 못하는 것이라. 사람은 자기가 배우고 보고 듣고 경험한 것만 자기인 줄 알고 살아가고 있기에 진리의 존재를 가지고 있지 않아 없는 것이라. 이 거짓의 나를 버리고 내 마음이 무한대의 우주만한 마음이 될 때 나 속에 창조주가 있어야 창조주인 진리를 볼 수가 있고 진리의 자식으로 날 수가 있는 것이라.

천국 가는 길은 내 마음을 없애고 나마저 없으면 또 망념이 가진 우주의 일체를 없애고 없애어 그래도 아무리 없애도 없어지지 않는 존재가 있다. 이 존재가 진리의 존재다. 또 그곳이 진리이고 진리의 나라다. 나가 없어지고 내 마음이 진리의 자식으로 거듭나니 진리의 영과 혼으로 거듭나니 인간이 완성된 것이고 인간이 다 이룬 것이고 인간이 진리가 된 것이라. 진리라야 진리의 나라에 살 수가 있지 않는가.

살아 진리가 되지 않으면, 살아 진짜가 아니면 가짜는 죽음 자체이고 진짜는 진리라 살 것이라. 진짜의 나라에는 진짜만이 살 수가 있는 것이라. 살아 진짜가 안 된 자가 죽어서 천극락 간다는 것은 말이 되는가 안 되는가. 진짜가 아닌 가짜는 참인 진리가 아니라 죽고 말 것이다. 허상의 지옥고를 받을 것이다. 살아 있을 때 산 자인 진리인 자가 살아 있을 때 살아 있는 진리의 나라 가진 자가 그 나라에 사는 이치는 지금 진짜라야 진짜 나라 살 수가 있는 것이라. 이 세상에 진리의 나라보다 더 지고하고 완전하고 더 높고 더 위대한 것은 없으니 살아 있을 때 지금 회개 참회 하여 천극락에 가야 하지 않겠는가.

신흥 종교에서는 교주가 데리고 간다고 하고 어떤 곳에서는 어떤 존재가 믿는 자만 데리고 간다고 하나 믿는 자란 죄사함을 다 하여 깨쳐 진리가 그 마음속에 있는 것이 믿는 것이고 진리를 믿지 않고, 다시 말하면 진리가 되지 않고 어떻게 천극락 갈 수가 있겠는가.

지금 진리가 아닌 자는, 완성이 안 된 자는 진리나라인 천극락에 가지 못하는 것은 너무나 당연한 이야기다.

다 깨친 자란
다 이룬 자란
다 아는 자란

다 깨친다, 다 이룬다, 다 안다, 이 말은 서로 다르나 하나인 말이라. 원래 진리를 깨치는 것은 하나하나 그 마음이 닦인 만큼 깨치게 되는데 일체를 다 깨치고 다 이루어 완성이 되고 또 다 안다는 것은 진리나라인 천극락에 나서 천극락의 삶 사는 것이다.

천극락 나서 천극락 삶 사는 이 과정까지 가면 다 깨치게 되고 다 이루어지고 다 알아지는 것이다. 어두운 세계에서 살아 있는 빛의 나라에 가는 도중에 깨쳐지고 이루어지고 알아지는 것이다. 그 나라에 나서 살면 다 깨쳐진 것이다. 또 이룬 것이고 다 안 것이다.

산 세상

파랑새는 파란 빛 가졌고
참새는 참새의 빛 가졌고
제각기 보호색을 가졌구나
동물도 마찬가지
자기를 보호하는 색채 가지고
천만 가지가 그렇게
살고 죽고 나고 하구나
가르쳐주지 않았는데
번식하고 키우고
스스로 왔다가 스스로 가구나
원래가 스스로 그냥
그대로 존재하는 것처럼
만상은 이 땅 이곳에서

유한의 삶 살다 가고 말구나
가는 곳을 모르고
갈 곳이 없는 자는 비통해하나
갈 곳 알고 가고 옴이 없는 이치
아는 자는 그냥 있구나
자기의 운명은 자기가 개척해야 하고
더구나 인간의 완성은
지극한 자기의 노력뿐이라
천지의 이치는 스스로 있으나
천지의 이치는 인으로 인해 과가 있고
천지의 이치는 이것저것이 어우러져
세상의 일체가 있는 것이나
근원은 모두가 하나이고
있는 형상 모두가 근원의 표상이고
사는 형상 모두가 근원의 삶이라
모두가 이미 살아 있고 깨쳐 있고
이미 이 땅 이곳이 천극락이나
철없는 사람만 무덤에 갇혀 죽어 있구나
죽음이란 의식이 진리의 의식으로
다시 안 난 자는 모두가 죽어 있는 것이고
원래의 영혼 자체인 죽음이 없는

우주의 에너지 신 자체이지 않는 자는 죽은 자라
이 땅 이곳도 신의 나라에는
모두가 살아 있으나
그 신을 모르니 또 신이 안 되어 있으니
죽은 나라인 지옥에 살구나
마음먹은 대로 세상살이를 하듯
마음속에 영원불사신을 모신 자는
죽음이 없고 그냥 살 것이다
이 몸을 유지하기 위하여
돈벌이하고 바삐 살지만
없어질 몸에는 궁전을 쌓으면 쌓을수록
무덤만 단단하여 살아 나오지 못하지
더 단단한 죽음의 무덤 파는 것이지
진리로 살고 진리로 행하고
진리나라에 해 놓은 것은
영생토록 그 복으로 살아가니
이것이 현자가 아니겠느냐
이것이 지혜자가 아니겠느냐
일체가 있고 없고는
사람의 마음속 있고 없고
그 마음에 진리 가진 자는

모두가 하나임 알고

모두가 살아 있음 알고

천지의 뜻으로

바람처럼 물처럼 걸림이 없고

영원세세토록 그냥 살구나 그냥 있구나

주인

구름 속에 나 있어도 본 자가 없고
바람 속에 나 있어도 본 자가 없고
천체 속에 나 있어도 본 자가 없고
세상 속에 나 있어도 본 자가 없고
자기 속에 나 있어도 본 자가 없고
자기가 천지를 가지지 못하여
본 자가 없는 것이라
사람이 살지 못한 것도
그 본질의 생명의 신 자체가
사람 속에 없어서이라
천지가 그냥 있으나
사람은 이 세상을 지나가나
나그네일 뿐이다

주인이 되면 천지를 다 가지고
천지의 일체가 자기 것이라
있음 없음 자체의 본질과 하나가 되면
자기가 자기 속에 천지 가지고
생명인 죽음이 없는 나라에서
영원히 영원히 살 수가 있는 것이라
인간 완성은 그 정과 신이
우주의 정신으로 다시 나는 것이라
산 것이란 있음 없음 모두가
생명 자체가 된 것이 산 것이라
산 것이란 사람의 마음이
정과 신인 진리의 에너지 신 자체로
다시 난 것이 산 것이라
개체를 다 바쳐 진리만 남아
그 진리가 된 것이 산 것이라
산 것은 하나라
산 것은 진리라
산 것은 주인이라
산 것은 영생불멸하는 주인이라

사람이 잘못 알고 있는 자기가 부처

흔히들 우리는 너가 부처다라는 이야기를 많이 들어왔다. 천지의 만상은 이미 깨쳐 있고 부처님 하느님 나라는 이미 완성이 되어 천지의 일체가 다 살아 있으나 사람은 자기의 거짓된 마음으로 인하여 자기의 무덤 속에 있는 고로 죽어 있는 것이라. 마구니이고 마귀인 자기의 마음으로 인하여 그것의 노예가 되어 살고 있는 것이라. 이 마구니 마귀인 자기를 버리고 진리 존재인 살아 있는 이 대영혼 자체가 되어 거듭나야 부처인 것이다.

부처는 진리 존재이고 부처는 이 우주 이전의 우주인 창조주인 영과 혼인 고로 거짓인 업과 죄를 다 사하는 것은 자기가 없어지는 것이다. 자기 속에 부처가 있음 아니고 부처로 다시 나야 부처인 것이다. 흔히들 공부를 끝까지 하지 못하는 것은 자기 속에 부처를 넣으려고 하기 때문에 자기의 아상의 틀은 그대로 가져서다. 이것이 업이 두터운 자고 죄가 많은 자다. 업장이 두터운 자는 부처가 되기가 힘이 든다. 부처란 자기가 없고 부처로 다시 나야 부처인 것이다.

물질과 형상에서 영생천국을 찾는 허황한 사람들

에너지와 빛(신)의 나라 천지는 진리의 존재가 천지의 주인인 것이라. 사람의 마음이 천지의 주인이 될 때 천지는 사람 속에 있는 것이라. 일체의 만상은 주인의 마음에 살고 또 그 주인이라. 세상 사람들은 마음속에 있는 영생천극락을 찾으려 하지 않고 허황되게 외계에 UFO나 또 어떤 존재가 나타나서 천국이란 물질의 세계에 데리고 가는 줄 알고 또 그렇게 기다리는 자도 있고 그렇게 생각하는 사람도 있다. 모두가 그 경의 말씀들의 해석이 자기 입장에서 액면 그대로 받아들이고 비유법인 그것의 바른 해석을 못해서다. 불경에도 마음속에 부처님과 극락이 있다고 했고, 성경에도 마음속에 진리이신 하나님이 또 천국이 있다고 했다.

사람을 움직이고 행동하게 하는 것은 자기가 안 만큼 다시 말하면 자기 속에 가진 만큼의 마음에 의하여 자기가 살아간다. 물질세계가 아닌 마음세계 정신세계 참 영혼의 진리세계를 사람의 마음속에 사람은 가지지 않아 그 세계를 사람은 모른다. 자기 마음속에 없기에 망상의 허상의 세계를 사람은 자기 나름대로 생각하고 있지만 또한 그것이 망념인지도 모른다. 물질세계 비물질의 세계는 둘이 아니고 하나이다. 사람은 보이는 것만 보고 만상의 주인이고 원래이고 비물질적 실체인 안 보이는 것에 대하여서는 아는 것이 없다. 사람의 마음이 이 존재로부터 거듭나야 영생이 있고 천국이 있는 것이라. 거듭난다는 것은 자기가 없어지고 이 존재의 영혼인 몸 마음으로 다시 나는 것이다. 사람들은 자기 마음속에 가지지 않아 사람의 눈에 보이지도 않고 볼 수도 들을 수도 없어 수많은 세월 속에 이 존재에 관하여 상상의 추측의 생각을 많이 하여 왔다. 그러나 이 존재에 관하여 알 길 또한 없었다. 그것은 이 존재가 되어보지 않고는 이 존재가 어떤지 알 수가 없는 것이다. 그 자리에 가보지 않고는 어떤지를 알 수가 없는 것이다. 자기의 정신이 그 경지에 가지 않은 자는 영원히 그 경지를 이해 못하는 것이다. 진리자리에 도달된 만큼 자기 마음이 진리가 된 만큼 알 것이고 못 간 자리는 영원히 모를 것이다. 자기 마음에 가진 만큼 알기에 진리가 없으면 모를 것이고 가진 자는 알 것이다. 진리는 마음 닦아 진리인 존재로부터 거듭나야 하지 자기를 가지고는 거듭나지 못한다. 죽어봐야 저승을 알 수가 있듯이 자기라는 존재가 없어지면 진리로 거듭나는 것이다. 비물질적인 실체이므로 그 자체가 자기 자신이 되어야 다시 나는 것이고 또 살 것이다.

강물은 말없이

강물은 말없이
예나 지금이나 흘러가고
인간은 옛사람은 없어지고
새 사람이 있구나
천지의 일체가 변하고 변해도
영원히 변하지 않는 것은 그 하늘이라
영원 이전에도 있었고
영원 이후에도 있는
그것만이 참이고 진리라
사람 속에 그 진짜인 것을 가진 자는
사람이 진짜인 진리라
죽음이 없고 그냥 살 것이라
인간이 있다 없다

인간이 수만 가지의 가짐

다 가진 척해도

참 가진 자는 하나도 없고

쓸데없이 자기 허된 거짓의

마음을 가지고 있으나

거짓임 아는 자가 없다

천지가 다 사는 것도

그 하나인 나라에서

다시 나는 자만이

영원히 하나의 나라에 살 것이라

무엇 위해 살고 왜 살고 어디로 가야 하는지

뜻도 이유도 모르고 살지 말고

참인 진리에 살면

누구나 세상의 이치를 다 알고

세상의 주인 되어 살 것이다

알고 모르고는 그 마음에

참 가지고 있느냐 허 가지고 있느냐고

그 마음이 크냐 작으냐다

그 마음 깨끗하냐 더러우냐다

참의 마음은 우주의 영혼 자체인

깨끗하고 맑다는 그 말 이전의 순수 그 자체다

인간이 나고 죽고 있고 없고가
모두가 자연의 순리다
있음의 일체가 사는 나라는
모두가 살아 있고 나가 살아 있는
이 천지만이 완전한 천십승지라
인간이 꿈 깨어 다시 나면
꿈 깬 자의 심정도
꿈 깬 자의 마음도 알지만
꿈속에 있어 무엇이 무엇인지
꿈의 각본대로 꿈이나 꾸누나

다 이룬 자란

다 이룬 자란
인간의 완성을 이룬 자이고
다 이룬 자란
진리가 된 자이고
다 이룬 자란
영생불사 정과 신이 된 자라
다 안다는 것도
진리나라에 나서
진리의 삶 사는 것이
다 아는 것이라
인간의 완성은
인간이 진리 자체로 나서
진리나라 사는 것이

다 완성 이룬 자라
살아 완성이 되고
살아 영생천국 난 자만이
죽어도 그 나라 살 것이다

누가 누구를 욕하고 누가 누구를 책할 것인가

우리는 자기의 잘못이 있음을 아는 것도 지혜자만 알 것이다.

이 세상살이를 하다가 보면 일이 안되고 또 자기 뜻대로 되지 않으면 조상 탓 남의 탓을 하고 산다.

더구나 정치도 자기의 의견만 맞다고 하니 정치가 싸움의 정치고 종교도 내 것 맞고 남의 것은 모두가 사이비이고 이단이니 역사상 종교 전쟁이 끊임이 없었다.

이단과 사이비의 논쟁은 세월이 많이 지나서 터가 굳게 잡힌 것은 이단이 아니고 새로 나오면 모두가 이단 사이비이나 자기가 완성이 안 된 것은 모두가 이단 사이비이니 남의 것 탓하지 말고 남의 욕 하지 말고 자기를 버리고 없애어 사이비이고 이단인 자기 버리자.

우리나라

무궁화 꽃이 국화인 대한민국은
진리의 부모국이라
물이 맑고 강과 산이
모두가 아름다운
반도의 나라라
수많은 외침에도
우리나라가 그대로 존재하고
수많은 시련에도
우리나라가 그대로 존재하고
무궁화처럼 항시 꽃피어 있었어라
땅은 좁으나 인구가 많아
먹을 것도 입을 것도 부족했으나
씨족 중심의 동리 동리는

정으로 살았어라
이웃의 일을 자기의 일처럼
모두가 가난하고 힘들지만
도우며 살고 우리로 사는 나라였어라
나만이 아닌 남의 여론에 사는 나라였어라
모든 이의 뜻에 자기 주장이 없고
그냥 따라 살았어라 살기 좋은 나라였어라
사람과 사람이 어우러져 살기를 좋아했어라
개인보다는 전체를 존중하고
그 뜻에 살았어라
우리나라는 인간과 인간의
정으로 사는 나라라
우리나라는 세상의 으뜸 되는
진리의 존재를 가지고 있는 나라라
우리나라는 인간이 사는 동안은
최고로 잘 살 수가 있는 나라라
세상인에게 정신의 부모국이라

깨침

깨쳐야 믿는 것이고

깨쳐야 살 수가 있고

깨쳐야 모든 경을 알 수가 있고

깨쳐야 영생천국 갈 수가 있다

광명

날이 밝아도 잠자는 자는
날이 밝은 줄 모르듯
광명의 세상이 와도
광명의 세상에 들지 않는 자는
광명 세상 모른다
자기의 마음에 천지가 있듯
자기의 마음 따라 천지가 다르다
비가 오면 좋다는 이가 있고
비가 오면 싫다는 이가 있다
그 마음 따라 수만 가지가 있는 것은
자기 마음속 가진 만큼
세상의 일들을 볼 수가 있는 것이라
세상은 이미 깨쳐 있고 완전하나

사람 마음이 깨친 세상이 못 되니
자기의 관념 관습의 세상을 보누나
천지의 만상 이전 자리가 창조주의 자리이고
천지의 만상 이전 자리가 진리의 자리이다
사람의 마음속 가진 만큼 알고
사람의 마음속 가진 만큼 말하고
사람의 마음속 가진 만큼 될 수가 있듯
진리란 그 마음이 깨끗하고
그 마음이 가장 클 때만 알 수가 있는 것이라
망념의 자기의 마음이나
망념 든 자가 망념 모르고
실이고 참인 자가 알 수가 있는 것이라
자기가 미친 자가 미친 줄 모르듯
자기가 모르는 자가 모르는 것 모르듯
세상의 모든 것을 다 알아 시비분별이 없으나
사람은 시비분별하고 사는 것이라
자기의 마음인 자기의 관점이라
세상이 하나가 못 되는 것도
자기의 마음인 관념이 서로가 달라서라
종교도 하나가 될 수가 있는 것도
회개하는 길만이 다시 말하면

진리가 되는 길만이 하나가 될 수 있고
각 나라가 하나가 될 수가 있는 것도
진리가 되어 그 마음이 하나일 때 될 수가 있는 것이라
진리만이 세상을 하나로 만들 수가 있고
진리만이 세상을 살릴 수가 있고
진리만이 영원 영원히 있어
산 자가 진리로 난 자이고
살아 있을 때 천국 난 자가
천국인 산 나라 살 것이고
살아 인간 완성인 진리가 되지 않고
영생천국 간다는 것은 갈 수가 없지 않는가

은혜는
회개할 때만 받을 수가 있다

은혜란 이 세상 사는 사람은 어떤 사람들이 물질 또는 정신적인 도움을 준 자를 은혜 주고 입었다고 한다. 그러나 참 은혜는 진리의 은혜만이 참 은혜일 것이다. 진리의 은혜란 개체에 묶이어 있는 마음이 진리이신 창조주이신 성령 성혼으로 거듭나는 것이 참 영혼이라 죽음이 없을 것이다.

삼위일체는 불교에서는 보신불 법신불 화신불이 부처님이신 하나라는 말을 하고 있고 기독교에서는 성령 성부 성자가 하나님인 하나이다라고 말하고 있다. 불교에서는 본존불이신 본래 존재하는 부처님을 일컫는 존재가 진리이신 성영혼인 것이다. 또 보신불 법신불인 것이다. 이 본래 부처님이 창조주이시고 나타난 일체는 모두가 이 부처님의 자식이고 또 보신 법신의 화신인 것이다. 기독교에 성령 성부 성자도 마찬가지의 뜻이다. 성령 성부라는 존재가 창조주이시고 천지 만상만물은 이 창조주의 자식이 아닌 것이 없다. 인간도 천지만물도 진리이신 이 창조주의 자식으로 원래 태어났으나 인간이 선이다 악이다의 자기 관념의 마음으로 인하여 이 존재와 하나가 되지 못하였다.

이 존재와 하나가 되는 방법은 자기를 회개하여 죄사함을 해야 하는 것이다. 죄란 자기가 가진 마음인 자범죄와 태어날 때부터 조상으로부터 받은 원죄가 있다. 우리의 조상들도 죄인이어서 그 모양을 가지고 태어나서라. 천지만물과 사람도 그 모양에서 마음이 있는 것이라. 사람의 마음이 각각인 것도 그 모양이 서로 달라서이라. 인간이 자기의 자범죄와 원죄를 사해야 회개가 되고 회개란 자기중심적인 마음인 자기의 관념 관습에서부터 벗어날 때 이 진리의 존재로 되어갈 때 은혜를 입을 수 있는 것이라.

은혜란 진리의 영과 혼인 보신 법신으로 거듭날 때 성령 성부의 은혜를 입는 것이라. 은혜는 깨침이 있을 때 성령 성부가 마음에 임한 만큼 알아지는 것이라. 기도하다가 은혜를 입었다는 것은 그 마음 없어진 만큼 진리가 임한 상태다.

참으로 은혜를 완전히 입으려면 자기의 존재가 일체가 없고 성령 성부의 존재로 거듭남이다. 자기의 마음과 몸을 버리고 살아있는 존재인 창조주의 존재로 그 영혼인 몸 마음이 거듭난 자만이 참 은혜를 입은 자이다.

거듭남이란

자기의 아상인 더러운 마음인, 또 죄인 자기의 마음과 몸을 없애어 원래부터 있었고 영원불사신이신 진리이신 정과 신으로, 영과 혼으로 거듭나는 것이다. 그 진리의 마음과 몸으로 거듭나야 진리라, 영원히 죽음이 없고 살아 있는 존재라 살 것이다.

거듭남이란 정과 신으로 거듭나는 것이고 진리로 거듭나는 것이다. 거듭난 자만이 사는 나라가 영생천극락 나라이고 거듭난 자가 살아 영생천극락 간다. 살아 진리 된 자만 진리나라 갈 수가 있는 나라다.

진리는 보편타당한 것
마술이 아니다

원래의 진리란

하늘 이전의 하늘인

일체가 없는 가운데

그곳에 영과 혼이

원래의 진리라

이 존재가 정과 신이다

영과 혼이다

보신 법신과

성령 성부다 하는 존재는

진리의 존재라

천지만상은 이 진리의 자식이라

천지만상에는 산이 있고

바다에 물이 있고 불이 있고

나무 종류도 수없이 많고
풀의 종류도 수없이 많고
곤충과 파충류에다
새가 있고 물고기도 있고
네발 짐승이 있고
두 발로 걸어 다니는 사람도 있고
그 종류가 수없이 많아라
수많은 형상 자체도
진리의 나라에는 다 살아 있고
모두가 진리의 자식이라 산 것이라
그래서 세상은 이미 깨쳐 있고
진리의 나라는 완성이 되어 있는 것이라
조물주가 이 세상을 창조할 때
이것이 있어야 저것이 있고
저것이 있어야 이것이 있게
그 조건에 만상은 스스로 난 것이라
만상은 그 모양에 삶 살고
만상은 그 모양에 행동하고 산다
만상은 있는 대로 보는 대로
새는 날아 살고 물고기는 물속에서 살고
짐승은 기어 다니며 살며

사람이 두 발로 걷고 뛰듯이
사람이 나는 자가 없듯이
이 세상에 사는 일체가
모두가 보는 대로가 진리나
사람은 기적에서 진리를 찾으려 하니
진리는 만상의 모양이 진리고
보는 대로 있는 대로 사는 것이 진리라
그것을 기적에서 찾는 자는
자기가 기다리던 그런 기적은
영원히 기다려도 오지 않을 것이나
사람은 전지전능의 뜻을 잘못 이해하여
허된 망상의 진리를 기다리고
허된 망상의 존재가 나타나기를 바라나
진리는 보고 듣는 대로라
있는 이대로가 진리다

천도

천도란 죽은 영혼과 산 영혼을 진리나라에 보내는 것이 참 천도라. 일반적으로 우리는 죽은 영혼을 천극락에 보내는 것이 천도인 줄 아나, 살고 죽은 영혼 일체를 천도를 하여야 완전한 것이라.

우리의 마음수련회에서는 산 사람의 영혼을 진리가 되게 하여 진리나라에 보내고 살아 천극락에 나게 하는 천도를 하는 곳이라고 해도 맞을 것이다. 산 자를 천도하여 천극락에 보내는데 죽은 자를 천도하는 것도 쉬운 일일 것이다. 산 자의 천도나 죽은 자의 천도는 마찬가지다. 지옥세계인 이 세상에 죄와 업으로 자기의 집착된 허상 자체 속에서 허상으로 죽어 있는 영혼을 허상인 자기의 몸 마음을 다 버리고 지옥세계인 이 세상을 다 버리게 하면 진리만 남아 자기의 영혼이 진리가 될 수가 있다. 산 자는 자기를 없애고 지옥세계인 이 땅 이곳을 없애게 하여 진리나라인 천극락에 나게 하고 죽은 자는 지옥세계의 자기라는 존재와 자기를 없게 하여 진리로 거듭나게 하여 진리나라인 천극락에 나게 하는 것이라. 천극락에 보내는 것은 천극락의 주인만이 할 수가 있을 것이다. 자기 것이어야 마음대로 하고 또 가게 할 수가 있을 것이다. 천극락 가진 자인 주인이 할 수가 있을 것이다. 산 사람을 보내는 것도 마찬가지일 것이다. 천도를 할 수 있는 자는 보낼 나라가 있어야 하고 보낼 수가 있어야 하지 않겠는가. 보낼 자기의 나라가 없이 천도한다는 것은 말이 되는지 안 되는지 생각할 문제다.

사람들이 흔히들 천도를 하여 진리나라에 간 자와, 자기가 천도를 하는 공부하여 간 자와의 차이가 무엇이냐고 물어본다. 자기가 공부하여 간 자는 살아 자기의 실의 나라에 복을 쌓아서 가는 것이니 그 복으로 살 것이다. 예수님 말씀에 어리석은 자는 땅에다가 재물 쌓고 지혜로운 자는 하늘에 재물을 쌓는다는 말씀은 바로 이 뜻일 것이다. 참 진리가 된 자는 자기 가족보다도 진리를 또 진리나라를 더 사랑할 것이다. 그 나라에 쌓은 만큼 그 복으로 영원히 살 것이니 살아 진리로 나고 진리나라에 일하는 것보다 더 중요한 것이 있겠는가. 그것은 영원한 자기의 재물이 될 것이다. 한 것만큼 영원히 그냥 있을 것이다. 물질도 자기의 망념의 나라에 있는 물질을 참의 나라에 천도해야 천도가 된 물질은 영원히 자기 것이 될 것이다. 그것이 복을 쌓는 것이고 그 복은 자기 것이 되어 그 복으로 영원히 사니 진리나라에 일하여 또 자기의 것을 천도해야 함께 살 것이고 자기 것이 될 것이다.

진리로 갈 때만 깨침이 있다

깨침이라는 것은 자기중심의 틀인 관념 관습 속에서 벗어나 그 마음이 참의 존재인 진리 자체로 갈 때 그 마음이 커지고 또 깨끗해진 만큼 진리가 된 만큼 알아지는 것이 깨침이다.

우리는 어릴 때부터 부모와 또 각 종교로부터 참인 진리의 이야기를 많이 들어왔다. 그러나 자기는 진리의 이야기를 아무리 들어도 진리가 되지는 못했다. 마음속에 진리 이야기를 아무리 담아도 진리가 되지 못하는 것은 마음을 비워야 진리가 있는 법이라.

우리는 살아오면서 자기도 모르게 수많은 것을 보고 들으면서 자기중심적인 관념 관습을 쌓아 그것의 노예가 되어 살아가고 있는 것이라. 이 몸이 움직이는 것도 그 마음이 어떤 이를 만나러 가야 되겠다고 생각하면 이 몸이 만나러 가게 되고 이것을 저것을 해야 되겠다고 마음먹으면 이 몸이 움직이고 또 친구를 만나러 가야 되겠다, 또 변소에 가야 되겠다고 생각하면 이 몸이 움직이지 않는

가. 그렇듯이 이 몸을 움직이는 주인이 마음이듯이 그 마음에 자기가 가진 만큼 이상도 이하도 아닌 그만큼만 사람은 살 것이다.

그 마음을 벗어던지고 참마음인 진리로 거듭나는 것은 수많은 자기의 지나간 추억의 그림자인 마음을 버리고 또 자기라는 존재의 부인이야말로 진리로 가는 길이다. 진리로 가는 길은 자기의 관념의 망상을 버리고 자기를 부인하는 것이다.

진리의 존재는 이 우주 무한대의 거대한 하나의 영과 혼인데 내 마음 자체가 이 존재가 된 만큼 알아지는 것이 깨침이기에 진리가 아닌 것에는 또 진리로 가지 않는 데에는 깨침이라는 것이 없다. 그 마음이 자기의 틀 속에 그냥 있기에 그런 것이다. 만일에 진리의 존재에 아닌 것을 기다라고 하면 깨침이 더 이상 없고 영생천국이 없다. 진리로 갈 때만 깨침이 있고 진리의 존재인 우주 무한대의 영혼으로 거듭나는 것만이 진리라 살 수가 있는 것이라. 만일에 어떤 존재를 진리가 아닌데 진리의 자리에 진리라고 하면 그 존재를 없애야만이 진리가 나타나고 진리는 아무리 없애고 없애도 없어지지 않아야 하고 진리의 대영혼은 살아 있음을 본 자는 또 된 자는 진리를 아나, 말없는 우주 이전의 하늘의 진리자리를 못 본 자는 그 자리에 어떤 존재나 진리다라고 하면 되는 줄 아나 가령 진리가 아닌 것을 놓으면 깨침이 없고 영생천국이 없는 죽음 자체라. 진리의 존재일 때만 깨침이 있고 영생천국이 있는 것이라.

깨치지 못한 것은 마음이 수용되지 않아 알지 못한다

나는 진리인 한 가지만 이야기하고 지난 지가 벌써 십 년이라는 세월이 지났다. 처음인 십 년 전이나 지금이나 다를 바가 없이 진리의 이야기만 하고 있다. 그때 들은 자들이 지금에 와서 잘 들린다고 하고 지금에 와서 알아듣는다고 이구동성으로 말한다.

성경 불경 기타 경도 사람이 그 수준이 아니면 알지 못하듯 더군다나 자기의 마음속에 가지지 않아 진리의 말씀은 귀가 있어도 듣지도 못하고 눈이 있어도 보지 못하는 것은 자기의 관념 관습에 묶이어 있어서라. 자기의 마음에 가진 만큼 말하고 알고 살아가듯이 자기의 마음에 진리가 없어 사람은 진리를 모르고 마음수련의 팔 단계까지 공부를 못한 자는 자기가 못 깨친 한 단계 위를 아무리 말을 해도 자기의 마음속에 진리가 없어 진리를 알지 못한다. 깨침도 깨침의 차이라.

일 단계 이 단계는 마음 닦아 일 단계는 우주임 알고 이 단계는 마음이 없어 우주와 나가 둘이 아님을 아는 것이고 셋째 넷째는 몸마저 없애어 셋째는 나 속에 우주가 있음을 깨치고 넷째는 우주의 영혼을 보고 아는 단계이고 다섯째는 이 우주의 영과 혼이 주인이고 진리임 알고 여섯째는 여기가 천극락임을 아는 단계이고 일곱째는 부처를 아는 나마저 없어 우주의 몸 마음인 영혼으로 거듭나는 것이라. 혼줄이 나고 영의 몸으로 거듭나 이 몸이 완전하구나를 깨치고 천국나라에 영원히 사니, 다시 말하면 살아서 이 땅 이곳이 불국토요 천국이니 진리 된 이 땅 이곳서 진리로 거듭난 몸 마음은 영생불사신 자체로 사니 진리 자체가 되어 살아서 천극락에 난 자만 진리라 살 것이다.

교육생을 보면 한 단계 위의 것을 이야기해도 못 알아듣고 또 못 깨쳐 자기의 관념에서 시비분별하다가 넘지 못하고 공부를 더 이상 하지 못하는 이를 나는 많이 보아왔다.

자기의 죄업에 자기가 갇혀 있기에 자기의 마음일 따름이다.

아무튼 자기를 다 버리고 없애어 진리가 되어보면 알 수가 있을 것이고 자기의 마음이 커보면 알 수가 있을 것이다.

깨치지 못하는 것은 그 마음에 자기의 관념 관습으로 인하여 깨끗하고 큰 마음이 없어 수용이 되지 않고 깨침이 없다.

진리 위에는 진리가 없고
진리보다 위대한 것도 없다
진리나라가 아닌 것은 다 지옥이다
허인 망념의 세계다

인간이 완성이 되고 인간이 영원히 사는 것은 살아 있는 우주를 창조한 진리인 이 존재의 몸 마음으로 다시 나는 것이다.

진리의 존재인 이 존재는 가장 지고하고 영원히 살고 살아 있는 존재다. 영원히 변하지도 않고 시작 이전에도 있었고 시작 이후에도 있는 비물질적인 실체인 것이다. 사람의 눈으로는 볼 수가 없고 사람 마음속에 이 존재가 있을 때만 이 존재를 알 수가 있는, 형상은 없으나 천지 만물만상은 이 존재의 표상이고 천지 만물만상이 이 존재로부터 나와 천지 만물만상의 부모이다. 이 존재는 영원히 없애도 없어지지 않고 영원히 태워도 그냥 그대로 스스로 존재하고 없어지지 않는 완전한 존재인 것이다. 이 존재보다 더 위대한 것도 없고 이 존재 너머에는 아무것도 없고 이 존재만이 완전한 것이다. 이 자리는 아무것도 없고 없는 것조차 없으나 신 자체가 존재하고 빈 것은 진리의 몸이고 신은 진리의 마음인 정신이라. 신령스러워 만상이 나고 신령스러워 살아 있는 신과 령 자체이고 이 존재만이 완전한 존재인 것이다. 이 존재의 나라가 영생이고 생사일여의 나라이고 천극락인 것이다. 사람의 의식인 마음이 가장 완전한 이 존재 자체로 다시 난 자만 진리라 살 것이고 이 존재가 되지 못한 자는 죽을 것이다. 진리의 몸과 마음으로 다시 나야 인간이 아닌 신의 자식이 될 것이다.

인간은 이때까지 수많은 이가 진리 찾아 산속이나 또 각 종교에서 수도하고 있었으나 인간 스스로가 완성이 되지 못했던 것은 만약에 완성이 된 자가 있었다면 어디엔가에는 그 완성의 방법이 있을 것이다. 그러나 세상에는 진리가 되는 방법이 없지 않는가.

아무튼 일반 상식으로 생각해도 진리가 되는 방법은 진리의 존재만이 할 수가 있을 것이다.

인간은 이 세상에 태어나서 생성기와 성장기를 지나 완성 시대 때에 완성이 되어 완성의 나라에 영원히 살기 위하여 태어난 것이다. 그러나 각 종교에서는 그 완성의 존재를 자기가 환상하는 그 옛날의 모양인 그 존재가 다시 온다고 믿고 있는 곳도 있고 또 자기 종교의 창시자가 다시 온다고 믿고 있는 곳도 있다. 그러나 완성이 되는 것이 진리라면 진리가 되는 곳 자체가 진리 존재라야 할 수가 있지 않는가.

이천 년 전 유태인들은 예수님이 오셔도 구약을 믿고 있었기에 그 속에 매여 있어 지금까지 메시아가 나타나기를 기다리듯 아무리 진리가 와도 자기의 틀 속에 갇힌 자들은 메시아와 재림예수님과 미륵을 보고도 모를 것이고, 사람은 그 모양인 형상에서 진리를 찾으려 하기에 자기 관념의 그런 존재는 영원히 기다려도 오지 않을 것이다. 그러기에 성경에서 구름을 타고 온다고 했던 것은, 구름을 타면 보이지 않기에 그 구름은 몸 가지고 온다는 이야기일 것인지도 모른다. 아무도 모른다. 도둑과 같이 온다. 그날 그 시는 아무도 모르고 단지 하나님이신 아버지만 안다고 했던 것은 만일에 진리 존재가 세상에 왔다면 진리 존재인 자기만 알 것이고 사람들은 자기 마음속에 진리가 없기에 진리의 존재를 모르는 것이 당연한 일일 것이다. 사람의 형상 자체만 보기에 예수님이 세상에서 목수의 아들이셨듯이 그 사람의 과거의 형상을 볼 것이고 과거의 사람으로 살았던 행적만 볼 것이다.

진리는 진리 된 자만 알 수가 있고 진리이지 않는 자는 모를 것이다. 산 자라야 산 자를 알고 도인이라야 도인을 알 수 있고 신선은 사람 눈에 안 뜨이는 법이라. 사람은 신선을 보지 못하는 것이라. 이 말들은 모두가 진리인 사람을 사람이 못 보고 모른다는 말들이다. 상식적으로 옛날에 죽은 자가 다시 오겠는가. 그렇게 오면 진리가 아닐 것이다.

진리는 이 세상의 이치대로 보는 대로 있는 대로 그 자체다. 만일에 어떤 존재가 와서 진리의 나라가 아닌 자기의 나라 가자고 하면 그곳은 지옥일 것이다. 또 망념의 나라일 것이다.

생사일여인 영생은 영원히 사는 것이고 이것은 삶과 죽음이 없어야 하고 살아 진리가 된 자만 갈 수가 있을 것이다. 천국은 영원불사신이신 진리 자체만 사는 나라이라, 살아서 진리가 되지 않고 이 나라에 살 수가 없는 것이라.

진리가 되는 것이 구원이 되는 것이고 진리가 되는 것이 사는 것이고 진리가 되는 것이 부활이고 진리가 되는 것이 생사일여 극락 영생천국 가는 것이고 인간 자체가 신의 자식으로 거듭나는 것이라.

이 세상에 나서 인간이 완성되어 영원히 사는 것이 인간의 궁극적인 목적이다.

그 사람이 가진 만큼 가르칠 수가 있고 배울 수가 있다

사람이 안다는 것은 자기가 경험한 살아왔던 산 삶에서 보고 듣고 배운 것이 그 마음에 저장이 되어 그것을 안다고 한다. 자기가 배우지 않은 파키스탄어나 힌두교에 관하여 이야기를 해보라고 하면 배우지 않고 경험하지 않은 자는 경험하지 않은 것이라 알 자가 없을 것이다. 더군다나 사람의 마음에는 진리가 없기에 진리를 아는 자는 없을 것이다.

이 세상에서는 진리 이야기를 하는 곳은 각 종교와 기타 단체에서 하고 있으나 정작 진리를 되게 하는 곳은 없다. 있다면 이미 세상은 하나가 되었을 것이고 종교가 하나가 되었을 것이고 나라와 사상 모든 것이 하나가 되었을 것이다.

이 세상에는 진리의 존재가 와야만이 진리를 되게 할 수가 있을 것이다. 진리가 없는데 진리가 되라고 하면 될 자도 없고 되지도 않을 것이다. 진리를 되게 하는 것은 진리의 존재만이 진리를 가지고 있기에 할 수가 있을 것이다. 진리만이 진리를 알고 또 사람들을 진리 되게 할 것이다. 자기 속에 가진 것 이외의 것을 모르듯 진리가 없으면 진리를 모르고 또 진리 되게도 못할 것이다.

세상의 학문 종교 사상 철학은 자기 마음속에 담아 있지만 또 이것저것의 망념인 허상의 그림자인 지나간 세월의 수많은 마음을 담기만 담고 배설하지 못하고 담아 있지만, 진리가 되는 것은 자기의 거짓을 버리면 참인 진리가 되어 다시 나니, 이것만이 영생불사신 자체로 다시 나니 신의 자식인 것이다.

진리가 있어야 진리가 날 수가 있는 법이라. 자기가 가진 것을 가르치듯 마음수련회에는 그 진리가 되는 방법이 있고 진리가 되게 하는 곳이다.

도 진리 하나님 부처님 하느님 창조주 알라 한얼님은 참인 진리 존재다

우리는 이 제목의 존재들의 이야기는 수도 없이 많이 들어왔다. 그러나 참으로 이 존재를 아는 자는 없는 것 같다. 진리의 존재를 각 지방 나라마다 서로 다르게 이름 붙여 부른 것이다.

이 존재는 창조주이시고 진리인 존재라. 이 존재보다 더 지고한 존재는 없고 또 이 존재만이 전지전능한 존재이고 이 존재만이 완전한 존재라. 죽음이 없고 살아 있는 존재이시고 이 존재는 천지의 창조를 물질로 하셨고 또 정신 창조도 이 존재만이 할 수가 있고 우주에 스스로 존재하는 빛과 에너지의 진리 존재라. 원래 우주 이전의 우주인, 또 하늘 이전의 하늘인 물질이 있기 전의 자리인 영과 혼의 자리인 우주의 마음과 몸 자체라.

이 자리를 이름하여 한얼님이라고 부르는 우리나라에서는 정과 신이라 이름하고, 하나님 하느님이라고 이름하는 기독교에서는 성령 성부라 이름하고, 부처님이라 이름하는 불교에서는 보신불 법신불이라 이름하고 이 자리를 진공 묘유라고 이름한다. 서로 가 말의 표현은 다르지만 진리 존재를 이야기한 것이다. 둘이지만 하나 자체이고 이 자체의 몸 마음으로 다시 날 때만이 진리의 자식으로 날 것이고 보신 법신 화신이 하나이고 성령 성부 성자가 하나인 진리나라인 천국은 이미 다 깨쳐 있는, 하늘은 완성되어 있고 있는 만상이 다 살아 있어 삼위일체이나 사람이 자기의 죄와 업을 다 사하여 이 존재로 거듭나야 하고 이 존재의 나라에 들어야 하는 것이라.

하늘에 구름이 없으면 하늘만 있고
하늘에 구름이 있어도 하늘만 있지

하늘에 별 태양 달 지구가 없으면 하늘만 있고
하늘에 별 태양 달 지구가 있어도 하늘만 있지

사람과 만상이 없으면 하늘만 있고
사람과 만상이 있어도 하늘은 그냥 있지

이 하늘이 영원 전부터 있었고 영원 후에도 있는 스스로 존재하는 창조주이신 진리의 존재라 이 존재의 이름을 각 곳마다 다르게 불렀다.

새 세상이란
새 하늘 새 땅이란 무엇인가
또 어디 있을까

사람들의 관념에는 새 세상 새 하늘 새 땅은 다시 그런 세상이 만들어지는 줄 알고 있다. 또 그런 세상이 다른 곳에 있는 줄 알고 있다. 또 사람들은 인생사가 고달파서인지 새 세상이 왔으면 하고 기다리고 또 지금의 세상이 없어졌으면 하고 생각하는데 지금 세상이 자기의 틀에 맞지 않아서 그런 생각을 하는 것 같다. 사람은 자기가 가지려는 욕심에 자기의 틀 속에 자기 몸만한 마음밖에 없으니 참인 진리의 새 세상인 또 새 하늘 새 땅이 사람의 마음속에 없으니 새 세상인 새 하늘 새 땅을 모르는 것이다.

새 하늘 새 땅인 새 세상은 자기 마음이 우리의 본래 주인인 대우주의 창조주이신 우주 이전의 우주의 몸 마음 자체가 된 자가 가지는 것이라. 사람의 마음이 가장 넓고 가장 크고 가장 낮고 가장 높은 마음이 되어야 하고 또 그 마음속에 만상 자체가 없는 본래의 창조주 자체만 남았을 때 생사일여한 영생이 있고, 또 새 하늘 새 땅이 진리인 순수 에너지 빛의 본래의 자리가 나 속에 있으니 이 우주 전체가 빛과 에너지의 나라요, 에너지와 신의 나라다. 살아 있는 이 존재로 거듭나고 이 존재 자체로 거듭난 자만 새 하늘 새 땅인 새 세상이 자기 속에 있을 것이다.

마음이 세상이 되어
세상만큼 큰 자가
천지의 이치 알고
천지의 뜻 안다

사람은 자기만한
속 좁은 자기의
관념의 마음 가져
자기 소리만 한다
그것이 미친 소리고
그것이 죽어 있는
참 소리가 아님
모르고 한다

새 세상은 살아 있는 세상이고
새 세상에 든 자는

하는 소리마다 하는 행마다

모두가 참이고

모두가 살아 있는

진리의 말과

진리의 행 자체라 ▩

참과 허의 차이는

그 마음이
가장 깨끗하고
가장 넓고 크고
낮고 높을 때
참이고
허는 실이 아닌
자기가 배운 만큼
자기의 마음속에
자기 모양만한 마음에
그것의 노예가 허다

나그네

나그네여 갈 길 몰라 헤매지 말고
길 찾아 쉴 곳 찾아가소

쉴 곳이 밖에 있음이 아니고
내 안에 있다는 사실 아소

천지가 다 없어져도
영원한 안식처는 그냥 있고
살아 있는 사실 알려거든
자기가 없고 진리나라에 나 보소

창조주의 나라이고
이 나라만이 영원히 살 수가 있는

참의 나라이라

길 찾아다니지 말고

나를 회개하여 진리로 다시 나면

세상의 이치를 다 알 수가 있는 이치를

사람은 밖에서 찾기에 못 이루고 있소

자기 속에서 찾아보소

깨침이 믿음이다

사람이 사람 살린다
사람이 천지 살린다

사람 속에 천지가 살아 있다
사람 속에 천인지가 살아 있다

가자 가자 정신의 나라 가자
가자 가자 정신 차리는 나라 가자
가자 가자 정신 자체가 되어
하나인 완성의 나라만 살자

자기의 망념을 버리고
자기의 집착된 마음 버리고 몸 버려

영생불멸의 진리 자체로 화하자
그 자체인 에너지 빛 자체로 다시 나자

구름 타고 오고 무덤에서 부활하고
믿음으로써 구원이 된다는 말도
바로 알고 바로 믿자

믿음이란 그 마음이
진리가 되는 것이고
그 마음이 믿을 때 믿는 것이고
믿음은 그 마음이 진리로 갈 때
간 만큼 알고 깨침이 믿음이라

믿음이란 깨친 만큼
그만큼 진리로 갔기에 믿음이고
무덤에서 부활한다는 말은
자기의 관념 관습에 자기가 죽어 있어
자기 속에 그 마음을 쌓아 놓으니
그것이 참이 아닌 망념 자체이고 허상 자체라
그 자체인 자는 죽음 자체라

그 허상인 망념에서 벗어나
참인 진리로 다시 나는 것이
부활이고 영생 자체라
다시 나는 것이고
무덤에서 부활되는 것이라

구름 타고 온다는 것도
하늘에 구름이 있으면 안 보이듯
구름에 가려 하늘이 안 보이듯
사람 속에서 오면 사람이 모른다
그것이 구름 타고 오는 것이고
구름에 가려 오는 것이라
안 보이게 온다는 뜻이라

永生 天國 大情國
順理國 人間完成國
天人地合一國
宗教和一 世界合一
創造主國
復活 在生 全體心化
眞理自體化

一體全體有一

眞理無門 生時永生天國

人間主人 本來生國

唯一神國

新天地國 一體人間心內有

살아서 천극락 간 자만 천극락 산다

사람의 의식이 산 자는 살 것이고 사람의 의식이 죽은 자는 죽을 것이다.

우리는 흔히들 천국이다 극락이다를 또 지옥이다를 죽어서 가는 줄 아나 지금 내가 진짜가 아니면 모두가 지옥에 사는 것이라.

우리가 영화를 한 편 보면 그 영화에 들어서 본다. 그 영화의 각본에 쓰여진 대로 그 영화를 봐야 하듯이 인간의 마음을 가진 자는 그 마음의 각본대로 영화와 같이 살 것이고 영화가 실이 아니듯 그 마음의 각본이 실이 아니라 이 세상 살 때도 그 속에서만 살아가야 하고 저세상 가서도 허인 그 각본대로 인간은 살아가야 할 것이다. 영화의 필름처럼 사람의 마음도 보이지 않으나 영사를 하면 비춰지듯이 사람의 마음도 보이지는 않으나 지금 사는 모양이 그 개체의 마음이고 지금 사는 꼴이 개체의 마음인 것이다. 사람은 그 마음의 각본에서 자기의 운명이 한정되어 있는 것이고 지금까지 살아온 산 삶이 지금의 꼴이고 지금 사는 모양이 후일일 것이다.

인간의 마음이라는 것은 자기의 모양이 마음인 것이라. 그 꼴인 모양에 마음이라는 것을 자기가 살아오면서 보고 듣고 느낀 것을 자기 속에 입력을 시켜 놓은 것이라. 그것이 자기 속에 수십만 가지가 들어 있어 그 수십만 가지가 자기 속에서 그 마음이 일어나니 번뇌가 죽 끓듯 끓고 있는 것이라. 이 생각 저 생각이 곧 번뇌인 인간 마음인 것이라. 불교에서 이야기하는 탐진치 칠정오욕의 마음이라.

이 마음의 뿌리를 우리는 캐내어야 하는데 이것이 자기가 살아온 산 삶이라. 산 삶의 일체를 버리고 없애면 그 마음이 없어지는 것이라. 몸과 마음이 둘이 아니듯 자기가 가진 그 마음이 이 몸속에 세포의 모양까지 그 마음을 닮아 있어 그 마음을 없애어도 내재되어 있는 그 마음이 세포에까지 담겨 있어 습을 없애야 하는 것이라. 자기의 마음은 산 삶이고 또 업이고 자기의 마음이 깃든 곳이 다시 말하면 내재된 것이 몸이라. 그 마음은 이 몸 자체이라. 이 몸이 습이라.

사람은 이 관념과 관습인 업습을 버리면 참인 진리자리를 볼 수가 있는 것이라. 관념이라고 하면 자기가 보는 것이고 관습이라고 하면 자기가 본 것에 의하여 내재된 가짐이라. 사람의 마음은 자기가 경험했던 산 삶에서 배운 것만을 알 것이다. 배우지 않은 우즈베키스탄어를 해보라고 하면 알 자가 없고 또 배우지 않은 말레이시아어를 해보라고 하면 할 자가 없을 것이다. 자기가 경험한 그 마음을 자기 속에 넣어 놓고 사람은 맞다 안 맞다 하며 그것이 시키는 대로 사는 것이라. 그것은 자기가 보고 느낀 대로의 자기의 편협된 자기중심의 자기만을 위하여 사는 것이다. 자기 망념의 지옥인 이 세상을 다 부수고 없애면 진리자리인 창조주의 세계가 있는 것이라. 이곳이 천극락이라.

사람들이 흔히들 천국은 있다고 말하고 천국을 다녀왔다고들 한 책들이 시중에는 인기가 있다. 천국도 자기 망념의 허인 천국도 있고, 천국도 지옥의 허상의 천국도 있다. 영안이 틔어 자기가 그곳을 본다고 하여 천국 갈 수가 있는 것이 아니고, 또 사람이 영안으로 그곳을 본다는 것은 자기중심의 허상인 천국이지 참 천국은 아닌 것이다.

참 천국은 완전한 진리의 나라이어서 완전한 진리 된 자의 영안으로 봐야 참 천국일 것이다. 보는 것보다 무한대 우주 자체의 창조주인 영과 혼으로 거듭나서 그 자체가 되어 그 지혜로 아는 것이 가장 바름인 것이다.

천국 가는 길은 개체의 관념 관습으로부터 벗어나 원래 존재하는 진리 존재 자체가 되어 그 진리나라에 드는 것이 천국인 것이다. 이 나라는 개체 전체가 없고 개체가 전체이고 전체가 개체인 것이다. 하나 자체인 진리만의 세계인 것이다.

사람이 몸으로 있을 때는 밥의 에너지와 자기 망념에서 살지만 사람이 밥을 안 먹으면 죽으면 망념 든 자는 죽고 말 것이다. 그 망념이 허 자체라. 흘러간 추억의 자기의 마음이기에 그 마음은 참이 아닌 허 자체라 죽고 마는 것이다. 참이 아닌 허상 세계에서 살 것이다. 허상의 세계란 개체 자체가 가진 마음 자체이기에 세포에까지 입력되어 그 몸이 허인 참이 아니라 꿈처럼 없는 허상 속에서 영원히 윤회하면서 살 것이고 영원히 깨지 못하는 꿈속에서 살 것이다. 이것이 지옥인 것이다.

천국은, 그 마음 자체가 무한대 우주만한 마음 가진 자는 영원한 에너지 빛 자체인 진리 자체라, 다시 말하면 우주의 진리인 영과 혼 자체로 거듭나니 그 자체는 죽음이 없고 영생불사하니 개체의 마음이 없는 진리 된 완성된 자만 사는 나라인 것이다. 천국이란 살아서 진리가 되어 천국 난 자가 가는 나라이지 죽어서 간다는 것은 아닌 것이다. 죽어서 또 어떤 이가, 구세주가 데리고 가는 나라가 아닌 것이다. 가장 좁고 편협된 개체의 마음이 무한대의 가장 넓고 큰 창조주의 마음으로 다시 난 자만 허가 아닌 실만이 사는 나라이라. 살아 지금 실이 된 자만 갈 수가 있고 살아 지금 천국이 있는 자만 갈 수가 있는 것이라.

살아서 천국 간 자만 천국 간다

천국이라고 하면 이 우주의 창조주이신 에너지와 빛(신)이신 대영과 혼 자체의 진리의 나라라. 이 진리의 나라 자체가 대우주를 창조한 신 자체이시고 그 자체는 태초 이전에도 있었고 태초 이후에도 있는 살아 있는, 없애도 없어지지 않는 신 자체의 존재이라. 이 존재만이 살아 있는 존재이고 진리의 존재라. 이 자체만이 길이고 진리고 생명인 것이다.

우리의 마음이 우주 자체의 이 존재가 되기 위하여서는 가장 넓고 크고 또 낮고 높은 마음에 나가 없는 가장 깨끗한 마음으로 되는 것이 여기에 가는 길이요, 이것만이 진리이기에 이 자체가 되는 것이 진리가 되는 것이요, 이 자체의 몸과 정신(신)으로 거듭나지 않고는 살 수가 없는 것이라. 또 이 자체만이 생명인 에너지 빛 자체라 이 자체가 되지 않고는 아무도 천국 갈 자가 없는 것이라. 사람의 자기의 집착된 마음을 버리고 사람의 자기중심적인 마음을 버리고 사람의 자기라는 형체를 버리고 지옥세계인 이 세상마저 버리면 이 세상 자체가 자기의 마음이 되어 자기의 마음속에 천인지의 일체를 가지게 되니 이곳이 천국이고 천국이 자기의 마음이라.

살아서 자기의 마음이 창조주이고 진리인 이 존재로 다시 나지 않고는 영원히 살 자가 없는 것이라. 살아서 내가 진리이지 않고서는 살 자가 없는 것이라. 지금 내가 진짜이지 않는데 죽으면 진짜가 아닌 것은 가짜이라 죽고 말 것이다.

어떤 존재가 천국은 데리고 가는 줄 알고 망념에 공상의 꿈을 꾸나, 존재가 데리고 가는 것은 마음을 진리 되게 하는 것이 데리고 가는 것이요, 우리가 생각하는 이 세상의 어딘가에 있는 천국인 어떤 장소에 데리고 가는 것이 아닌 것이다.

이 천지가 하나님의 섭리로 이루어진 가장 아름다운 곳이고 진리인 이 땅 이곳에 나의 마음이 진리가 되어 진리의 영혼으로 거듭나서 나가 영원히 살 것이다.

나의 마음이 진리의 존재가 되지 않는 자는 죽으면 죽어 버릴 것이라. 그 자체가 진리가 아니라 망념의 환 자체인 허상의 꿈속에서 영원히 깨지 못하고 죽고 말 것이라. 그것이 지옥인 것이라. 그것이 죽음인 것이라.

진짜와 가짜

이 세상은 있는 대로가 진리나 사람들은 모두 다가 자기의 환상의 꿈을 그리다가 그 환상 따라 진짜와 같은 가짜도 만들기도 하고 가짜를 진짜로 팔기도 한다.

인간의 완성의 진짜는 인간이 만고불변의 진리가 됨이고 그 진리가 자기의 몸 마음이 되어 다시 남이다.

인간은 아는 것이 있는 것 같지만 아는 것이란 자기가 가진 마음에서 자기중심적인 말이지 아는 것이 하나도 없다는 사실을 알아야 할 것이다. 자기중심적인 마음이란 자기가 이 세상에서 배운 만큼 자기 이기적 욕심의 마음인 것이다.

진짜란 실인 것이고 가짜란 허인 것이라. 사람도 지금 자기가 진짜이지 않고는 진리가 아니라 죽으면 죽어 버릴 것이라. 살아서 자기가 진짜이어야 하고 살아서 자기가 진짜 나라를 가지고 있지 않고는 진짜 나라에 갈 수가 없는 것이라. 가짜는 모두 다가 죽어 버릴 것이다.

사람이 완성되어 영원히 사는 것은 진리인 존재의 몸 마음으로 다시 나 사는 것이고 또 진리 존재의 나라를 가지는 것이다.

한때에 옷의 모조로 세상이 시끄러웠고 또 먹는 음식까지 모조로 하고 장식품 일체도 모조로 하나 그것은 하나같이 진짜가 아닌 것이다. 이것들은 모두 다가 하나의 인간 생활에서 이루어지는 것이나 참으로 인간만은 가짜가 아닌 진짜가 되어야 하는 것이다. 진짜는 살 것이고 가짜는 죽기 때문이다. 참과 거짓인 실과 허의 차이이고 살고 죽고의 차이이고 있음과 없음의 차이이다.

이 세상에 있는 일체가 나온 곳은 사람의 눈으로 봐서는 없는 곳에서 나왔으나 그 자체가 있는 것이라. 세상 살면서 인간이 완성이 못 되는 것도 자기 속에 있는 참인 진리로 거듭나는 방법을 몰라 거듭나지 못해서라. 지금 사람이 자기가 안다는 것도 자기가 배운 만큼 말하고 자기가 배운 만큼 산다. 그것은 모두 다가 자기 마음속에 가진 만큼 알고 있듯이 자기의 마음속에 진리가 있으면 사람은 진리를 알 것이고 또 진리가 되게 했을 것이다.

일체는 마음이 만든다

태양이 없으면
온 천지가 어둡고

태양이 있으면
온 천지가 밝고

낮이 있으면
밤이 있고
태양이 있으면
달이 있고
지구가 있고
지구에 이것저것이 있어
만상이 나고

모두가 살아 있구나

천지가 다 살아 있고
만상도 다 살아
천지가 완전하구나

일체가 없으면
일체가 있다
창조주가
사람 속에 있다
누가 진리를
살리고 죽이나
마음이 죽는다 산다를 만든다
그 마음에
참 가진 자
살 것이고
그 마음에
허 가진 자
죽을 것이다

꿈속에 사는 자는 꿈인 줄 모른다

꿈이란 그 마음의 환(幻)이라. 그 마음 자체가 가진 만큼 또 바라는 환상만큼 그것이 꿈으로 표출되는 것이라. 우리가 꿈을 꿀 때는 그것이 꿈인 줄 모르듯 사람 관념 관습의 허인 이 세상에 사는 자는 이곳이 꿈과 똑같다는 것을 모른다. 자기의 마음속에 자기중심적인 허인 자기의 망념의 환을 가지고 있기에 그것이 꿈처럼 그 틀 속에서 꿈을 꿔야 하듯이, 인간사도 자기의 마음을 가진 자는 그 틀 속에서 그 각본대로 더도 덜도 없이 살아야 하는 이치를 꿈 깬 자만이 알 수가 있다. 꿈속에서 고통을 당했든 로맨스의 좋았던 꿈이든 꿈 깨면 실이 아니듯 사람의 삶이 하룻밤의 꿈인 줄 모르고 산다. 자기의 관념 관습의 틀에서 벗어난 자만이 이 세상의 삶이 꿈인 것을 알 것이다.

참이 되어 보면 자기의 관념 관습이 모두가 허 자체이고 허상 자체이고 또 그것은 개인의 편협된 생각일 따름이고 자기중심적인 이론 체계이니 참과는 하나도 맞는 것이 없기에 허인 것이라.

참은 생명 자체고 참은 시비분별이 없고, 있되 있음의 마음이 없는 대자유의 에너지 빛 자체라.

지금의 생이 참이 되어 꿈 깬 자만 참이 되어 참세상 알고 인생사가 꿈인 줄 안다.

있는 대로가 진리다

새는 날아 살고
짐승은 기어 살고
사람은 서서 살고
모든 것은 제 모습대로 삶을 살구나
이 땅 이곳에서 한 번 죽은 것은
그 몸으로는 다시 못 오니
그것이 우주의 법칙이라 또 진리라
보는 대로 있는 대로가 진리라
하나님 나라는 그 마음이
진리의 영혼으로 화한 자만이
죽음이 없이 영생불멸하구나
천지의 이치가 또 자연의 이치가
진리 그 자체이고

이 세상은 사는 것이
살기 위해 삶을 사나
사람의 의식이 죽어 있어
사는 것이 무엇인지
죽는 것이 무엇인지
아는 자가 없구나
모든 것은 사람의 무지에서 죽어 있으나
죽은 자는 지혜가 무엇이고
무지가 무엇인지
아는 자가 없구나
천지가 사람 속에
천지가 되어 세상을 보면
지혜 자체인 것이
사람의 몸 마음이
신인 진리의 몸 마음으로 다시 날 때
사람은 지혜 가지고
그 지혜로 천지 이치를 알 수가 있는 것이라
지옥인 이 세상과 나를 버리면
없어지지 않는 존재인 우주만 남아라
아무리 없애도 없어지지 않는
그 진리의 존재가

나의 마음이 되어
나가 그 자체가 되면
영생이 있고 여기가 천국이라
진리가 된 자의 마음은
나가 일체를 알고
나가 천인지의 주인이고
나 속에 이 천지의 일체가 있음 알고
세상의 이치를 알고
살고 죽고도 알고
바로 보고 바로 알고
이 세상에서 이 세상과 영생불멸히 사니
마음속에 세상을 다 가지니
마음의 부자요
마음에 가진 세상은 내 것이라
그냥 그대로 영원히 있는 것이라

2장

인간이 사는 이유와 목적

인간의 진정한 가치는
영원한 나라 영원히 살기 위함이다.
- 본문 중에서

안 가진 것
못 보고 못 듣는 사람

천지가 바람이라

천지가 바람 이전이라

천지가 살아 있음 아는 세상이 지금이나

죽은 세상 사는 자는 죽어 있어 모르고

아는 자만이 가슴 답답게 생각을 하고

죽은 자에게 말해도 듣지도 보지도 못하누나

자기 속에 참인 진리가 없어

못 알아듣는 자가 불쌍하구나

영생과 천국은 현실이어야 한다 지금 완성이 되어 영생자가 되지 않고 천국이 없는 자는 천국이 없어 죽어도 못 간다

사람이 지혜가 없는 것은 사람은 살면서 자기가 경험한, 다시 말하면 배운 것 이외에는 아는 것이 없기 때문이다. 다시 말하면 기독교에 다니는 사람은, 또 불교에 다니는 사람은 기독교에서 또 불교에서 배우고 듣고 한 것만 자기 마음속에 입력이 되어 안다고 할 것이다. 가령 힌두교에 관하여서는 아는 자가 없을 것이다.

사람은 저마다 자기의 편리대로 자기중심적인 관념을 쌓아 그것이 자기가 되어 자기 것만이 맞다고 생각하고 산다. 흔히들 사람들은 자기의 관념에 맞으면 맞다고 생각하고 그 외에는 안 맞다고 생각하고 산다.

종교 문제는 더구나 더 그러하다. 자기 것만 맞고 남의 것은 다 틀리다고 그 관념을 쌓아 같은 맥의 종교끼리도 서로가 이단이다, 또 사이비다,라고 한다.

인류의 이 싸움은 이천 년 전 예수님께서도 분명한 사실인, 나는 하나님 아들이다,라고 하니 모양이 유태인인 자기들과 똑같이 생긴 자가 그렇게 하니 너는 목수의 아들이지 어떻게 하나님의 아들이냐고 유태인들이 이단으로 몰아세웠듯이, 사람들은 그 모양을 보고 여호와는 그 중심을 본다는 성경의 말씀처럼 또 도인은 도인이라야 도인을 알아본다는 말씀처럼 이 세상에는 사람이 사람의 정신 속에 가지고 있는 것을 알 자와 볼 자가 없는 것이다. 정신 속에 가지고 있는 하나님의 아들을 못 알아보고 몰랐던 유태인들은 지금까지도 그들은 예수님을 믿지 않고 있듯이, 지금도 정신 속에 진리 가진 자가 와도 아무도 알 자가 없을 것이다. 유태인들이 구약의 경 속에 빠져 자기들의 관념의 환상적인 메시아를 지금까지 기다리나 오지 않고 있고 앞으로도 영원히 기다려도 오지 않을 것이다.

신약도 유태인들처럼 자기 관념의 환상적인 그런 존재의 구세주가 이 땅에 오기를 기다리면 유태인과 다를 바가 없이 새 세상인 진리의 세월이 다 가도 그들은 자기 관념의 환상적인 유태인들이 기다리는 메시아처럼 구세주인 재림예수를 기다리는 것이 다를 바가 하나도 없을 것이다.

각 종교의 궁극적인 목적은 죽어서 영생을 하고 또 생사일여하고 죽어서 천극락에서 영원히 산다고 믿고 있는 것이다. 그러나 구체적인 천극락 가는 방법이 없어 사람들은 살아 천극락에 가지 못하고 있다. 기독교에서는 구세주가 오면 천국에 데리고 간다고 믿고 있고 불교에서는 미륵이 오면 불국토가 이루어진다고 믿고 있고 우리나라에서는 또 정도령이 오면 이루어진다고 믿고 있으나, 그 관념의 틀 속에서는 구세주 미륵 정도령이 와도 사람들은 보지 못할 것이고 또 듣지도 못할 것이다. 그러니 알지 못할 것이다.

사람이 진리가 되는 방법을 이야기하는 자가 진리이라야 진리되게 할 것이고 사람이 구원이 되는 것은 진리가 되는 것이고 거듭나는 것도 진리로 거듭나는 것일 것이다.

살아서 진짜인 진리가 되어야 하고 진짜 나라인 천극락이 있어야 천극락에 살 수가 있을 것이다. 살아서 진짜가 아니고 살아서 진짜 나라가 없는 자가 진짜 나라인 천극락에 간다는 것은 말이 안 됨을 사람은 진리가 안 되어보니 알 수가 없을 것이다. 살아서 이곳이 불국토인 천극락이 있어야 하고 살아서 이 몸 마음이 진리의 몸 마음으로 다시 나지 않고는 영생과 생사일여 천극락이 없는 것이다.

진리의 존재가 사람으로 와야 사람이 진리 된다

(빛은 비물질적 실체듯 진리도 그러하다)

선천의 종교는 진리의 이야기를 말로 표현한 것이라. 단군의 사상인 홍익인간 이화세계도 인간에 넓게 이익이 되고 이치인 진리가 되는 세계를 말씀한 것이고 불경도 불국토의 세상을 미륵이 와서 이룬다는 말씀이 있다. 성경도 구세주가 와서 사람을 천국 데리고 간다는 말씀이 있다. 증산도도 대순진리회도 원불교도 대두목과 미륵이 와서 깨쳐서 완전한 세상을 이룬다는 말씀이 있고 우리나라는 예언서인 정감록이 있어 정도령이 온다고 되어 있고 모두가 초종교인 하나가 되고 모두가 완성인 성인이 된다고 하였다. 또 살아 천극락에 간다고 했다. 이 존재는 천지를 창조한 창조주일 것이다. 완성이라는 것은 진리만이 완전하기에 진리의 존재일 것이다.

이 세상에서 이때까지 사람이 진리가 되는 방법이 없었다. 이 방법은 진리만이 할 수가 있을 것이다. 콩이라야 콩을 될 수 있게 할 수 있고 소라야 소를 낳을 수 있게 할 수가 있고 진리라야 진리를 낳을 수 있게 할 수가 있는 것이라.

사람은 또 천지만물은 제 나름대로 가지고 있는 만큼 말하고 행하고 산다. 또 그 모양에 산다. 세상에 진리가 와도 사람의 눈에는 진리가 안 보이고 사람의 귀에는 진리가 안 들린다. 사람은 자기의 관념의 자기의 잣대에 세상을 보고 판단하기에, 또 안다는 것은 자기의 관념인 자기의 경험의 배운 것만큼 자기의 마음에 담아 그만큼만 안다. 또 진리가 자기 속에 없기에 진리를 보지 못하고 알지를 못한다.

소가 소를 낳고 콩이 있어야 콩이 나듯이 진리의 존재가 사람으로 와야 사람이 진리가 될 수가 있다. 진리라야 진리를 될 수 있게 할 것이고 인류가 인간 완성인 진리가 되지 못한 것은 진리의 존재가 없었기 때문이다. 진리의 존재가 없는데 사람이 진리에 도달하는 것은 감자가 감자를 만들지 감자가 없는데 감자를 있게 한다는 것과 같은 이치다. 그래서 기독교인들이 인간 완성과 천국은 구세주만 할 수가 있다고, 또 하나님만 할 수가 있다고 하는 것은 지당한 말이다. 그러나 그 하나님 구세주 미륵 정도령의 관념을 형상에 두지 말고 참인 진리에 두어 보는 것이 필요하다. 유태인들은 하나님 아들이다,라고 한 예수님을 지금까지 믿지 않고 구약 속의 환상적인 하나님 아들을 믿고 목수의 아들인 예수를 믿지 않듯이 그 형상에서 하나님이고 하나님 아들은 없을 것이다.

사람의 마음속인 정신 속에 가진 진리를 사람은 보지 못하기에 지금도 진리가 아무리 와도 각 종교에서는 자기 관념의 진리 존재를 찾고 있기에 유태인들처럼 알지 못하고 찾지 못할 것이다. 진리 존재인 창조주는 살아 있는 대영혼 자체라, 그 존재가 사람으로 올 때만 영생이 있고 천국이 있을 것이다. 사람은 물질 비물질을 둘로 보나 그 비물질인 진리의 실체가 사람으로 나타날 때만이 살아 영생이 있고 천국이 있을 것이다. 사람이 그 자체의 존재로 다시 날 때만이 살 것이다.

사람들의 관념과 관습

사람들의 관념과 관습이란 무엇일까. 사람의 관념이란 자기가 산 삶에서 자기 마음속에 자기중심적으로 쌓아 놓은 망념의 마음인 것이다. 관습이란 그 관념에 의하여 자기 몸에 내재되는 습인 것이다. 다시 말하면 관념이란 자기중심적인 자기의 마음의 틀이고 관습은 그 틀 자체가 몸에 배인 것이다. 사람이 거듭나고 완성되고 사람이 개조되려면 이 관념 관습으로부터 벗어날 때만이 진리로 화하여 완성이 될 것이다.

부부간에도 형제간에도 부모 자식 간에도 서로의 관념이 달라 의견 충돌이 있고 정치 사회 종교의 전반에도 개체의 주장이 맞다고 끊임없이 싸움을 한다. 또 사람은 일반적인 통념이 맞다고 생각하기도 하고 사람들은 자기의 관념이 가장 맞다고 생각하나 참으로 맞는 것은 하나도 없다. 참으로 맞는 것은 개체의 관념이 아닌 진리의 마음일 때만 맞을 것이다. 지금까지 하여 온 관념 관습에서 어긋나면 설령 맞다고 하더라도 틀린 것이 되는 것이 수가 없이 많다.

구약을 믿고 있던 유태인이 그 환상적인 관념의 메시아를 기다리고 있을 때 예수님은 이단으로 십자가에 못 박혀 돌아가셨고 이차돈님도 불교를 전파하다가 돌아가셨고 김대건 신부님과 또 많은 그리스도인들이 박해를 당하고 돌아가셨다. 모두가 자기들의 관념에 그 자체의 틀 밖의 것을 받아들이지 못했던 것 같다.

아무튼 자기 주장이 강한 자는 자기 주장과 일치하지 않는 반대를 무수히 죽인 것이 정치에서 흔히 있었던 일이다. 인류는 언쟁하는 자기의 관념에서 벗어나서 참인 진리로 거듭날 때 모두가 하나로 살 수가 있을 것이고 언쟁과 싸움이 없는 순리로 살 것이다.

아무튼 인간의 망념의 관념에 수많은 이가 죽고 또 피해를 보았듯이 지금도 그러하다. 인류는 관념인 마음으로부터 벗어나 모두가 하나가 되는 것은 자기 주장이고 자기의 관념인, 안다는 자기를 모두 없애고 자기가 없어 진리로 거듭나 하나가 될 수 있는 것은 잘못을 맞는 것인 줄 잘못 알고 있는 자기의 관념 관습으로부터 벗어나야 한다. 지금의 종교 틀 속에서는 아마 유태인들처럼 구약에 묶여 있듯이 아무리 진리가 와도 진리의 때를 자기의 환상하는 그런 존재가 오길 기다리니 알지를 못할지도 모른다. 형상의 진리를 찾는 자는 자기에게 맞아야 하니 영원히 찾지 못할 것이다.

세상에서
제일 중요한 것은

강물은 푸르고 산천도 푸른 가운데
천지가 모두가 극락이고 천국 자체이나
이 천지의 진정한 뜻 아는 자가 없고
동양인은 정적이고 인간과 인간과의 삶이 있었고
서양은 개인 중심적인 삶이 있다
모두가 자기 틀의 삶이었으나
자기의 가짐의 또 집착이었으나
인간이 왜 살고 어디로 가는지 모르니
현실의 집착으로 모두가 허망한 삶만 살구나
사람은 자기의 산 삶에 의해
자기의 관념 관습으로 자기가 맞다고 삶 사나
허망함을 알고 사는 것도 사람이라
사람이 천지의 이치를 모르니

아니 세상의 이치 모르니
아니 본래 하늘의 이치 모르니
무지해서 그럴 것이다
사람은 창조주의 몸 마음으로 다시 나야
지혜가 있어 일체를 알고
사람은 창조주의 몸 마음으로 다시 나야
영생불사신으로 영원한 천국락 나라에 사니
세상에서 가장 중요한 것은
죽은 자기의 영혼을 산 진리의 영혼으로
살리는 것보다 중요한 것이 있겠는가
사람은 이 세상 살면서
이유도 뜻도 모르고 고통 짐 지고 살고
자기의 망념인 허상에 허덕이다가 죽고 마는 것이다
그 망념에서 벗어나 참을 가지고
참의 나라 들어 영원히 사는 이치가
마음 닦는 공부이고
마음 닦으면 죄사함하는 것이고
부활이 되는 것이고 천국 가는 것이고
살아 영생천국 나서 영원히 사는
이 공부보다 더 중요한 것이 세상에 있겠는가

인간이 사는 이유와 목적

그 땅 그곳에는
사시사철 그 땅은 있고
나무와 집은 있으나
철 따라 수목의 변화 있구나
사시사철 있는 동물도 있지만
철새는 철 따라 왔다가
철이 지나면 가고 없구나
이 천지가 사람의 마음에 있구나
냉랭한 겨울에는
하늘에 별무리마냥 꽁꽁 얼어붙고
걷는 대지가 꽁꽁 얼어붙어 있고
물도 얼어붙어 있으나
철새는 어김없이 찾아와 추위를 즐기누나

말없는 자연만 계절 따라 변하고
사시사철이 수없이 변해도
산천만 버티고 흐르고 있구나
수많은 세월 속에 자연만이 변하여 가고
산천도 변하는데
하늘의 달 별 태양은 그냥 있구나
자연과 천체가 없어져도
하늘은 그냥 있을 것이고
그 하늘은 말이 없지만 이 천지를 내고
만상만물의 어버이라
살아 있으나 말이 없고
있는 형상 일체가 그 하늘의 표상이라
있는 형체가 하늘임을 아는 자가 없어
또 사람이 알지 못하여
세상의 사람들이 하나가 되지 못하구나
철이 가고 또 가고
수많은 세월 따라 천체마저 없어지면
영원 이전에도 있었고 지금도 있는
또 영원 후에도 있는 그 존재가
진리인 우주 이전의 우주인 하늘이고
그 하늘의 자식으로 다시 난 자만

하늘나라에서 하늘의 몸 마음으로
다시 나 죽음이 다시는 없을 것이니
이 천지의 세월만 무상하고
덧없는 세상에 한세상 고통 짐 지고
살다가 간 이들이 한없이 가엾구나
지금 사는 사람들아 정신 차려 세상 살 때
세상의 참 이치 알아
지나간 덧없는 사람들처럼
허상을 잡다가 갈 곳도 모르고
인간이 사는 이유와 목적도 모르고
세상 탓 하지 말고
진리가 되어 다시 나면
영원 영원히 살기 위하여 태어난
이 귀중한 몸을
영원히 살기 위해 태어난
이 몸을 참으로 부활시켜
살아생전 생사일여 영생천극락에
가야 하지 않겠는가
살아생전 산 자인 진리 된 자만
천국 갈 수가 있지
죽으면 죽음이라

영생도 천국도 없는 법이라
이 천지가 산 자에게는
산 자의 마음속에 있어
영원히 함께하는 이치를
알았으면 참 좋겠구나
이 천지에 귀하게 몸 받아 난 것은
영원히 살기 위함이지
돈이나 벌고 지금의 허된 삶 살며
호의호식하는 것이 목적이 아니다
인간의 가치를 제대로 알고 살기를 바란다
인간의 진정한 가치는
영원한 나라 영원히 살기 위함이다

마음속 가진 만큼 산다

성경에 보면 인간을 하나님의 형상을 닮게 만들었다고 한다. 하나님의 형상은 천지만물의 이전의 자리인 창조주의 자리다. 천지만물이 있기 이전의 자리는 일체가 없는 허공의 자리다. 다시 말하면 순수허공 순수하늘이다.

이 자리는 아무것도 없는 가운데 일신이 존재한다. 천지만물이 이 자리에서 나왔고 진리인 이 존재가 나타남이 천지 만물만상이다. 일체가 개체의 형상에 속하여 사느냐, 본래인 전체의 마음을 가지느냐에 따라 그 마음이 달라지는 것이다.

사람은 이 창조주의 마음을 가지고 또 천지만물도 마찬가지다. 사람의 마음이 하나님의 형상을 닮게 만들었다. 하나님이신 진리가 천지만물의 본성이고 본래이고 참마음이고 양심이고 진리인 것이다. 사람이 선악과를 따 먹고부터 이 마음이 죄라는 것이 있다고 하는 것은 선악과라는 과일이 있는 것이 아니고, 따 먹었다는 것은 선이다, 악이다를 마음속에 가지니 따 먹은 것이다. 마음이 먹은 것이다.

집단생활하면서 죄라고 만든 것을, 죄라는 것을 마음에 새기니 그것이 먹은 것이라. 마음먹은 대로 된다는 것도 자기의 마음속에 가진 만큼 세상에서 살아가니, 예를 들면 의술을 배운 자는 의술이 마음속에 있고 법을 배운 자는 법이 마음속에 있고 그것을 가지고 있으니 세상에서도 그것으로 살 것이라. 같은 병원을 하여도 한 사람은 잘되고 한 사람은 안되는 것은 자기의 가진 마음에서 되고 안되고의 마음이 있어이라.

복이라는 것도 자기의 마음이 자기중심적이고 이기적이고 편파적이고 망념의 마음이 가득한 자는 복이 없는 것이라. 그 마음이 일체를 수용하는 마음이 복이 있는 것이라. 그 마음이 큰 자가 큰 복을 가지고 살 것이라.

마음수련은 자기의 좁아 빠진 마음을 가장 크게 만들고 지혜의 진리의 의식으로 나면 더 잘 살 수가 있는 법이라. 지금 이 세상에 사는 모양이 자기의 마음의 모양인 것이라. 지금 세상의 사람들은 자기중심적인 마음으로 살아가니 그것이 가장 편협된 삶 자체라. 자기의 마음속에 참인 진리를 가진 자는 그 행 자체가 참 행인, 자기 위주가 아닌, 사람을 살릴 것이고 사람을 위해 살 것이고, 이렇게 해라 저렇게 해라가 아니더라도 자기 스스로가 인류를 위해 참되게 할 것이고, 하는 일마다 진리의 일을 할 것이라.

자기가 진리가 된 자는 살아서 영생천국 나서 살 것이고 그 나라의 일할 것이다. 그 마음에 무엇을 가지고 사느냐에 따라 사람의 운명은 달라질 것이다. 그 마음에 참 가지고 살아 영생천국 나서 그 나라에 일하는 자가 세상에서 가장 복된 자이고, 그 나라에 사는 자는 천복 받은 자이고 그 나라에 일하는 자는 천복을 쌓는 것이라.

인류는 미완성 시대에 수만 가지의 고통 짐에서 살다 참이 세상 와서 참 된 자는 그 고통 짐에서 해탈이 되고 인간 완성이 되어 영원히 사는 때가, 사는 시절이 지금이라는 것을 알고 모두가 빛 좋은 개살구의 망념으로부터 벗어나 진리 자체가 되어 살아야 되지 않겠는가.

인간이 세상에 나서 사는 이유와 목적이 자기가 우주의 나이만큼 영원히 사는 것이 이유와 목적인 것을 모르고 사람은 현실에 바삐 가도 갈 곳이 없는 것이라. 어디 간다고 그 고통 짐을 벗지 못하고 가기만 가느냐. 부질없는 세상에서 무엇을 얻으려 하느냐. 참인 생명 자체인 진리로 살아 거듭나 영생천국 가야 하지 않겠는가. 그 나라 살아야 하지 않겠는가.

그림자 잡고
그림자 속에서
그림자로 살구나

흘러간 추억의 그림자가

자기 되어 사는 자는

참이 없구나

일체가 하나인 진리이고

일체가 하나인 참이나

사람은 그림자가 자기 되어

참 가지면 참으로 사나

그림자는 없는 것이고 죽음이나

참 가진 자만이

그림자인 꿈속의 삶을 아는구나

마음속 가진 자만 알 수가 있는 진리

사람은 그 마음속에 가진 만큼 말하고 가진 만큼 알고 행하고 산다.

마음속에 허 가진 자는, 다시 말하면 자기가 살아오면서 산 삶의 경험에서 배워왔던 것만 가지고 안다고 하고 살고 또 그것이 자기가 되어 자기의 관념에 세상을 판단하고 살아간다. 자기가 경험하지 않고 그 마음에 가지지 않은 것은 모르듯 사람은 자기 속에 진리가 없어 진리를 모르고 산다. 진리를 가지지 않는 것은 진리로 다시 나지 못하여서다.

마음속에 진리 가진 자 진리 행하고 진리나라에 일하고 살 것이다.

한세상

한세상이라고 하면 우리의 관념은 우리 인간이 평생 사는 것을 한세상이라고 한다. 사람이 푸념하길 인간 한세상 사는 것 힘이 든다고 이야기를 한다.

한세상의 참뜻은 이 세상 전체가 한세상이니 이 한세상은 칠팔십 년만 사는 인간의 세상이 아닌 이 세상 전체인 것이다.

이 한세상은 살아 있는 물질 비물질 자체가 하나이고 이 한세상은 죽음이 없고 생로병사가 해탈이 된 세상이라. 이 한세상에 든 자는 영원히 살 것이고 이 한세상은 신의 세계이고 이것저것이 없는, 다시 말하면 개체 전체가 하나이고 천극락의 세상이 한세상이고 이 한세상은 살아 있는 거대한 우주 자체의 영과 혼의 세상이라. 이 자체가 영원히 살아 있는 불사신의 나라이고 이 자체가 더 나아갈 수가 없는 진리의 완전한 세상이고 살아 한세상에 난 자만 한세상이 되어 영생불멸의 에너지 신 자체로 거듭나 사는 것이라.

천국과 지옥

우리가 살고 있는 이 세상은 지옥의 세계다.

이 지옥세계에서 인간이 하늘나라인 천국에 가는 방법은 지옥세계를 다 부수면, 다시 말하면 다 없애면 하늘나라가 있는 것이다.

지옥이란 신의 나라가 아닌 인간의 망념의 나라이고 지옥이란 꿈과 같아 꿈이 없는 것이고 허이듯 자기의 망념에 말하고 행하고 사는 나라이고, 지옥이란 자기의 관념 관습에 매여 사는 나라이고, 지옥이란 없는 허상의 죽음의 나라라. 그 허상 속에서 영원히 윤회하며 고통받으며 살아야 하는 나라라.

천극락은 만고불변의 살아 있는 진리로 다시 난 자만 살 수가 있는 본정신 본영혼으로 다시 난 자만 사는 나라라. 살아 인간 완성인 진리가 된 자만 사는 나라라. 대자유고 해탈이고 영생불멸히 사는 신의 몸과 마음으로 거듭난 자가 사는 나라라.

하늘의 정의

우리가 흔히들 하늘나라 간다는 이야기를 많이 듣는다. 이 하늘나라가 어디 있느냐가 문제다. 사람마다 자기의 환상의 하늘나라를 생각하고 또 죽으면 그 하늘나라에 간다고 생각하고 산다.

하늘나라란 자기의 마음속 하늘 가진 자는 하늘나라 살 것이고, 자기 마음속 하늘인 진리인 창조주를 모시지 못한 자는 지옥에 갈 것이다. 천국이라는 낱말도 하늘나라인데 이 나라는 우주 전체가 하늘이라. 참 하늘은 원래부터 있었고 참 하늘은 그냥 있었으나 그 하늘과 등지고 사는 인간이 자기중심의 편협된 망념의 자기 마음속에는 하늘이 없어 하늘을 인간이 알지 못하는 것이라. 자기가 없고 천체마저 없으면 본래의 하늘이 있는 법이라.

하늘나라라는 것은 내가 내 개체에 묶여 있음 아닌 하늘 자체가 될 때 하늘나라 간 자라. 그것이 자기의 마음이 된 자만 하늘을 자기의 마음속 가져 하늘을 알 수가 있고 하늘을 볼 수가 있고 하늘

나라 갈 수가 있는 것이라.

천국인 하늘나라는 성경에도 여기 있다 저기 있다가 아닌 자기의 마음속에 있다는 것은 자기가 없고 이 세상의 일체를 없애어 그 마음이 하늘이 된 자는 하늘나라 든 자이고 하늘나라 난 자이라. 그 사람만이 천국을 마음속에 가진 것이라. 살아서 마음속에 천국이 있어야 천국 나서 사는 이치가 맞지 않겠는가.

어떤 사람들은 하늘나라가 어떤 곳에 있어서 그곳으로 구세주가 구름을 타고 와서 데리고 간다고 믿는 이도 많다. 데리고 가는 것이 마음속의 하늘나라로 데리고 가는 것이 현실성이 있고 맞지 않겠는가.

구세주만이 구원을 할 수 있다

인간이 완성이 되고 인간이 영원히 살고 영원한 나라에 사는 것은 완전하고 영원한 존재가 세상에 와야 인간이 완전한 진리 존재가 되어 영원불멸히 진리나라에 살 것이다.

기독교에서는 하나님이신 예수님만이 이것이 가능하다고 믿고 있다. 지당한 이야기다. 인간의 힘으로는 진리가 되지 못한 것은 이 세상이 있고 지금까지 이 진리 되는 방법이 없었고 또 자기가 이루었으면 그 이루는 방법이 있었을 것이다. 그 방법이 있었다면 세상에는 많은 의인이 있어서 세상이 하나가 되고 종교가 하나가 되고 세상은 모두가 너의 나라 나의 나라가 없어 하나가 되었을 것이다. 이렇게 되지 못한 것으로 보아 사람이 이루지 못했던 것은 분명한 사실이다. 깨침도 어느 정도 깨쳤느냐가 문제인 것이다.

인간이 완성되는 것은 진리 존재인 창조주의 몸 마음으로 다시 나야 하는 것인데, 다시 말하면 대우주의 영과 혼으로 다시 나야 하는 것이라. 인간의 마음이 이 자체의 영과 혼으로 다시 나는 것은 마음수련회의 팔 단계의 완성되는 방법이 있는 것이라. 진리로 난 자는 모두가 진리의 자식이고 진리로 난 자는 모두가 완성자라.

진리는 진리라야 진리를 낳을 수가 있고 사람은 사람이라야 사람을 낳고, 소는 소라야 소를 낳을 수 있고, 고구마가 있어야 고구마가 있을 수 있듯이 진리의 존재가 있어야 진리 되어 진리나라에 살 수가 있는 것은 너무나 지당한 말이나, 유태인들은 이천 년 전 예수님이 하나님의 아들이라고 하니 너는 목수의 아들이지 어떻게 하나님의 아들이냐고 하여 이단으로 몰려 결국은 십자가에 못박혀 돌아가셨고 이천 년이 지난 지금도 유태인들은 예수님을 믿지 않고 구교를 믿고 있다.

그들이 아직도 메시아를 기다리듯이 신약을 믿고 있는 사람들도 환상적인 하나님을 기다리면, 또 재림예수를 기다리면, 또 그들의 관념의 구세주를 기다리면 유태인들처럼 그렇게 될 것이다.

구름을 타고 온다, 구름에 가려 온다, 도둑과 같이 온다, 또 아무도 모른다, 성경에 쓰여 있는 이 내용은 보이지 않게 온다는 뜻일 것이다. 구름을 타면 보이지 않을 것이고 도둑과 같이 와도 보이지 않을 것이고 아무도 모르는 것도 안 보여 모를 것이다. 사람은 그 마음에 가지고 있는 만큼만 알고 말하고 또 행하고 살 듯이, 진리 가진 자가 세상에 없는데 진리인 자가 와도 진리임을 모를 것이다.

성경에 보면 사람은 그 모양을 보고 여호와는 그 중심을 본다는 말씀처럼 사람은 그 모양에서 그 형상에서 진리의 존재를 찾으려 하나 예수님의 정신 속에 하나님이시고 하나님의 아들로 난 예수님을 유태인들이 몰랐듯이 사람의 정신 속인 마음에 가지고 있는 진리의 존재를 어떤 사람도 자기의 관념인 구세주의 상을 깨지 않고는 알 자가 없을 것이다. 길가에 가는 수많은 사람의 직업을 우리가 알 수가 없듯이 또 그 속에 가지고 있는 것을 알 수가 없듯이 많은 사람들 가운데 진리의 존재가 있은들 사람이 보고 알 수가 있겠는가. 그 형상에는 없고 진리를 알지도 또 알아보지도 못할 것이다. 진리가 되고 영생천국을 살아서 간다면 이것은 진리일 때만 할 수가 있는 사실은 너무나 당연하다.

성경 불경이 잘못된 것은 없으나 진리이지 않은 사람들의 관념에서 이것을 잘못 해석하여 수많은 종파만 생겨나서 있고, 자기 것만 맞다고 우기고 남의 것은 맞지 않다고 이단이고 삼단이고 팔단이고 또 사이비이고 오이비이고 육이비고 하는 것은 잘못 해석한 이들이 이단 사이비인지도 모른다. 남을 사이비라고 하는 것은 사이비이니까 사이비가 마음속에 있어 사이비일 것이다. 지금 진리이어야 바른 것이고 지금 진리가 되어야 바른 것이고 지금 영생천국을 가야만 바른 것이듯 엄격히 말하면 사이비란 진짜 비슷한 것이 사이비이듯 지금 진리가 되어야 하고 진리인 완성자가 되는 곳만이 사이비가 아닐 것이다.

성경에도 보면 진리를 파는 자가 음녀라는 표현이 있다. 지금 진짜가 되어야 하고 지금 진짜 나라에 살지 않고 어떤 존재가 데리고 간다는 것은, 또 죽어 간다는 것은, 100% 믿을 수 없는 일이 아닌가.

인간의 몸 하나 받아 자기란 존재가 세상 난 것도 기적이듯이 인간의 몸을 받아 세상 난 이유와 목적은 영원히 살기 위해서이다. 그 가치 있는 자기를 허망한 망상에 도박을 하기보다는 지금 살아 있을 때 진리가 되어 진리나라에 나보는 것이 더 중요하지 않겠는가. 잘못되어도 잘못된 자기의 관념을 맞는 줄 알고 가지고 있지 말고 벗어버리고 참인 진리로 나야 하지 않겠는가.

진짜 가짜

지금 그대가 진짜인가 또 완성자인가
그대에게 물어보렴
자기가 진짜가 아닌 자는 진짜가 아니다고
그대가 알 것일세
그러면 그대는 진짜가 될 수 있게 회개하게
회개란 그대의 마음속에
자기중심적인 수만 가지의 집착의 마음을 가져
진리와 합일치 못하고 있으니
아니 진리로 거듭나지 못하니
죄란 진리와 하나가 되지 못하는 것이라
그대가 지금 진짜라면 진짜임 알고
살아 진짜 나라에 나서 살 것일세
천극락이라는 것은 진짜의 나라이고

진짜가 살아서 된 자만 사는 나라이고
영원불멸의 나라이라
가짜가 살고 또 가는 나라가 아닐세
가짜는 가짜 나라에 살고
그 가짜 나라는 없는 것이고 죽은 것일세
진짜만이 진짜 나라 살고
가짜는 없는 허상인 지옥의 세계이고
그 없는 나라에서 아니 허상의 나라에서
영원히 고통 짐 지고 살 것일세
인간 몸 받고 나기가 힘들 듯이
자기를 가장 아끼면서
세상의 이치 몰라 자기를 죽여서야 되겠는가
이 세상에서 가장 중요한 것은
자기부터 살려야 하지 않겠는가
사람은 이 세상에 나서
자기를 위해 살아가고
밥을 먹어 밥의 에너지로
몸을 지탱하고 살아가고 있지만
이 몸이 없어도 영원 영원히 살 수가 있는
내 마음이 대우주의 영과 혼으로 다시 나면
그 영혼이 나 속에 있어

개체인 나가 진리로 거듭나 살 수가 있지 않는가
이것이 진짜일세
가짜는 진짜의 영혼이 없는
죽으면 죽음 자체일세
가짜는 고통 짐 지고
수만 가지의 스트레스를 받고 사나
진짜는 자유고 해탈이라
참 나라에는 고통 짐이 없고 스트레스가 없다네
영원히 살아도 하루같이 살고
참 행복의 이 경지를
천극락 간 자만 알 것일세
한 번밖에 없는 인생
진짜 되어 진짜 나라 살아서 가세
진짜 가짜는 하늘 땅 차이고
하늘 땅 차이란 살고 죽고의 차이이고
있고 없고의 차이라
이 몸은 밥의 에너지로 살고
몸이 죽으나 살아 있으나
진리의 에너지 신으로 난 자는
그 자체로 살 것일세
희귀한 자는 진짜가 되는 자일세

고귀한 자는 진짜가 되는 것일세

지고한 자는 진짜가 되는 것일세

가장 잘난 자는 진짜가 되는 것일세

죄란

사람은 죄인이라. 왜 사람이 죄인이냐 하면 자기중심적인 자기를 만들어 죄인 그 마음에 허상인 망념을 가져서 진리이지 않아 죄인인 것이라. 이것이 자기가 살아오면서 자기가 만든 죄이고 인간은 원래부터 죄인으로 이 세상에 난 것은 우리의 조상과 부모님도 모두가 죄인이라. 그 부모의 모양을 닮아 이 세상에 태어나니 우리나라 말에 그 나물에 그 밥이라는 말이 있다. 그 모양에 인간은 마음이 있는 고로 조상과 부모의 죄의 합작품이 자기인 것이다.

그 조상과 부모의 죄 덩어리, 다시 말하면 그 업을 가지고 태어나니 죄 덩어리에 살아오면서 자기의 마음을 가지니 원죄와 자범죄가 있는 것이다. 이것은 진리 존재와 하나가 되지 못하고 개체의 자기중심적인 이기적인 자기만을 위하는 마음 자체이니 이 마음은 자기중심적인 마음을 먹어 놓은 것이라. 이것이 죄인 것이다. 이 세상의 죄는 진리와 하나가 되지 못하는 죄밖에 죄가 없는 것이다.

이 개체의 마음에서 벗어나 진리인 창조주의 몸 마음으로 다시 나는 것만이 죄로부터 벗어나는 것이다. 진리로 다시 나지 못함은 죄인 자기의 관념 관습의 틀로부터 벗어나지 못함이고 자기가 없어 진리로 나는 것만이 죄를 다 사한 것이다.

자연

맑디맑은 강물만 말없이 흘러가는데
물은 어김없이 높은 곳에서 낮은 곳으로 가고
그 물속에는 그 환경에 맞는 물고기가 있어라
이런 것이 있어야 저런 것이 있고
만상은 환경 따라 스스로 나고
만상은 환경 따라 스스로 가고
수만 가지가 가고 오나
모두가 그 자체이구나
대자연이 없어지지 않는
대자연인 허공인 하늘이 주인임
사람이 모르는 것은
사람은 그 하늘을 마음속에 가지고 있지 못해서라
그 하늘은 전지전능 자체라

만상이 그 하늘의 표상이라

그 하늘이 살아 있어

만상을 다 내니 전능하고

전지란 그 하늘의 신의 지혜 가지면

모를 것이 없는 것이라

인간사의 이야기가 아닌

천지인 대자연의 근본의 이치를 아는 것이라

하늘을 알고 하늘이 되면

지혜의 근본인 것이라

대자연은 하늘의 형상의 삶이라

참사랑

서로 사랑하라
이 사랑의 말은
모든 것을 시비분별 없이
모든 것을 수용하라는 것이라
수용이라는 것은 포용하는 것이고
수용이라는 것은 있는 대로 보고
있는 대로 살고
그대로 그냥 있으라는 것이라
이것이다 저것이다는
인간의 마음에서 있는 것이라
자기의 틀이 있어 있고
그것이 망념인 것이라
천지의 일체는 이미 다 깨쳐 있고

천지의 일체는 이미 다 살아 있으나
그것을 모르는 사람만 자기가 있구나
사랑이란 수용하는 것이고
사랑이란 시비분별이 없는
창조주의 마음일 때 사랑할 수 있고
진리의 대영혼 자체일 때 사랑할 수 있고
자기의 마음이 자기로부터 떠난
진리인 자만이 사랑을 할 수가 있는 것이라
가장 자기의 마음 큰 자만이
참사랑 할 수가 있고
산 자인 진리의 영과 혼으로 난 자만이
참사랑을 할 수가 있는 것이라
진리만이 사랑할 수가 있고
원수도 진리가 될 때
참사랑 할 수가 있는 것이라
사랑은 나가 없고 진리일 때 그냥 보고
시비와 분별이 없음이 참사랑이라
대자연이 먹을 것도 태양의 빛도 주고
바람이 불고 물도 주어도
주었다는 그 마음조차 없지 않는가
그 대자연이 참인 사랑이라

참사랑은 해도 한 바가 없고

참사랑은 무조건적인 사랑이지

기대가 없는 사랑이라

참사랑은 순리 자체라

참사랑은 대정 자체라

참사랑은 그 마음이 없고

자연심인 창조주의 마음이라

그 마음은 있되 없어 수용하는

시비분별치 않고

그것을 그것으로 보는 마음이라

대자대비

대자대비라는 말도
대자연만 대자대비할 수가 있는 것이라
천지의 일체를 다 내고
항시 그 마음 자체가 변하지도 않고
일심 자체이라 수용하는 것이라
자연의 마음처럼
우리에게 필요한 것을
다 해주어도 한 바도 없고
항시 그 마음인 여여함이라
창조주의 마음은
세상을 다 가져도
세상의 모든 이에게 만상에게 은혜를 주어도
그 마음이 없고 대자대비하니

말은 달라도 참사랑이라는 말이나

참 대자대비는

진리의 행을 이야기한 것이라

인(仁)이란

인이란 어질 인이다
어질다는 것은 너그럽다는 것이고
어질다는 것은 관대하다는 것이다
어질다는 것은 수용하는 것이고
어질다는 것은 용서한다는 것이고
어질다는 것은 상대의 입장이 된다는 것이라
어질다는 것은
대자연인 진리인 창조주의 심일 때만
참 어질 수가 있는 것이라
이것이 참 인인 것이라

순리

순리란 대자연인 진리인
창조주의 마음이 순리라
순리란 순한 이치란 뜻인데
이 말은 순한 것은 자연이고 진리라
이치는 참인 진리라
순리는 진리 그 자체를 말하는 것이고
또 되는 것이라
순리대로 하라는 말은
진리대로 하라는 말이라
순리는 진리가 되는 것이고
진리의 삶을 사는 것이 순리라
사랑 자비 인은
진리의 행을 이야기한 것이지만

순리는 진리가 되는 것이고
진리대로 살아가는 것이라
순리는 부딪힘이 없고 걸림이 없고
그냥 존재하는 완성을 의미하는 것이라
순하다는 뜻은 이치라는 뜻은
근본인 진리를 의미하고
진리가 행하는 삶이 순리의 삶이다
지금은 진리가 되는 순리의 시대이고
순리로 사는 때이다
사랑 자비 인은
진리의 삶을 이야기한 것이고
순리는 진리가 되는 것이고
진리로 사는 것이다
순리는 완전함을 의미하고
순리는 살아 있음을 의미하고
순리는 천국 자체의 삶을 의미하고
순리는 죽지 않고 영원히 사는
신 자체의 마음이고
신인 것이 순리고 또 그 삶이다
순리는 살아 있는 다시 말하면
불사신이 되어 불사신 나라 삶이다

평범이 비범이고 평범이 가장 위대하다

우리는 위대한 것을 현실이 아니거나 또 밖에 있는, 또 어떤 위대한 존재가 달리 있음으로 아나 참 위대함이란 그냥 사는 것이고 또 참 위대함이란 그대로 있음이고 일체를 수용하는 것이고 참 위대함은 자기의 마음이 천지 일체를 다 가진 자연심인 변하지 않고 평범인 그 자체인 것이다. 비범은 특출한 것이나 삶이 평범인 마음이 큰 자가 가장 비범자이고 또 가장 위대한 자이다.

위대함이란 가장 큰 자가 가장 위대한 것이다. 우리는 가장 위대한 것은 지금까지 자기가 한 업적이 큰 자나, 전쟁에 이긴 자가 위대하다고 알고 있으나 자기를 이기기가 백만대군을 이기기보다 더 힘이 든다는 말처럼 자기를 이겨 진리의 존재가 된 자보다 더 위대한 자가 없을 것이다.

진리가 된 자란 자기라는 것이 일체가 없고 살아 있는 영원불변한 신이고 영원히 영원한 나라에 사는 가장 위대한 존재만 사는 나라다.

자기가 잘난 자는 그 잘남에 갇혀 죽고 세속에서 위대한 자는 그 위대함에 갇혀 사나 그냥 평범하여 일체를 수용하고 더불어 말없이 사는 사람이야말로 가장 위대하고 가장 잘난 사람이다. 세상의 이치를 다 알고 참이 되어 참 나라 일하는 자만이 참일 것이다. 또 가장 위대할 것이다.

마음이 깨침이 믿음이다

기독교인들은 예수를 믿으면 죄사함을 하게 되어 의롭게 되어 하나님의 자녀가 된다고 한다. 지당한 말씀이다. 그러나 그 관념을 교회에 나가는 것이 믿음이라고 생각하는 이가 많다.

믿음의 정의가 무엇일까. 교회에 열심히 나가는 것이 믿음일까, 새벽기도 열심히 나가는 것이 믿음일까, 찬송과 설교를 잘하는 것이 믿음일까, 성경책을 많이 읽는 것이 믿음일까, 기도를 많이 하는 것이 믿음일까, 성경에도 주여 주여 하는 자마다 천국 가는 것이 아니고 거듭나는 자만 간다고 했다. 거듭난 자란 죄사함을 다 한 자요, 진리가 되어 의인이 된 자고 하나님의 자녀가 되어 창조주이신 예수님인 살아 계신 하나님을 믿게 되는 것이다.

예수님을 믿는 것은 진리이신 창조주의 자식으로 거듭난 자가 참으로 예수님을 믿는 것이다. 마음이 창조주와 하나가 되어 진리의 자식으로 다시 남이 거듭나는 것이고 그 마음에 진리이신 예수님이 계실 때 참 예수님을 믿는 것이다. 사람의 마음에는 진리이신 예수님이 없기에 사람 마음을 닦아 또 죄사함하여 진리이신 예수님을 모실 때 참으로 예수님을 믿는 것이 될 것이다.

마음이 믿으려면 깨침이 믿음이고 깨침은 죄사함하여 진리로 갈 때만 깨침이 있고 그 마음이 커지고 깨끗해진 것만큼 진리가 있기에, 또 되었기에 알아지는 것이 깨침이다.

진실로 진실로 믿는 것은 그 마음이 믿어야 하는 고로 죄사함이 전제가 되어야 한다. 죄사함을 하게 되면 의인이 되어 거듭나서 하나님의 자녀가 될 것이다. 참 하나님의 자녀만이 참으로 예수님을 믿는 것일 것이다. 또 진리이신 예수님의 말씀을 믿고 따르는 자만이 그 말씀대로 행하는 자만이 죄사함이 되고 의인이 되어 하나님의 자녀가 되어 영생천국에 갈 것이다. 또 살아 천국 나 살아 그 나라의 일할 것이다. 죄사함하는 것이 다 이룰 수가 있는 것이다. 또 참 믿음이 될 것이다.

인간의 완성은 죄사함이다

나는 사람들에게 그대는 지금 인간 완성인 진짜이냐고 그대에게 물어보라고 하면 모든 종교에 나가는 이는 모두가 이구동성으로 아니라고 한다. 사람들은 누구나 자기가 완전하지 않다는 것을 자기가 알고 있다. 열심히 종교 생활을 하는 이들도 원수를 사랑할 수가 있느냐 또 내 이웃을 내 몸같이 사랑할 수가 있느냐고 또 대자대비가 되느냐고 물어보면 진실로 말하는 이는 아무도 된다는 이가 없다. 원수가 자기의 마음속에 있고 진리인 사랑의 마음이 없어 원수도 이웃도 사랑이 되지 않는다. 대자대비도 안 되는 것은 대자대비의 마음인 진리가 없어이다.

사람의 마음속에는 자기 편의적인 마음을 쌓아 진리와는 거리가 멀고 진리가 없다. 원수와 미워하는 마음, 또 잘났다는 것, 잘난 체하는 것, 사랑하는 것, 싫다 좋다 자기 이기적인 것, 자기 편의적인 것, 가족 사랑 돈 명예, 살아오면서 가진 수만 가지의 마음을 자기가 다 먹어 놓았으니, 음식은 먹으면 필요한 것은 영양으로 가고 불필요한 것은 대소변으로 빠지기라도 하지만 마음은 토해내지도 대소변처럼 배설도 되지 않으니 그 마음이 수만 가지의 번뇌를 낳고 수만 가지의 마음을 가져 사람이 쉴 수가 없는 것이라. 허인 지나간 추억의 그림자가 자기 속에 있으니 그것으로 진리와 하나가 되지 못하니 그것이 죄인 것이다.

마음의 죄는 원래이고 본래인 진리 자체로 되지 못함이 죄다. 죄인 이것을 다 없애고 영원불변의 진리로 거듭날 때만이 인간이 완성될 수가 있고 이 죄사함을 해야 다 이룰 수가 있고 완성이 될 수가 있는 것이라.

쓸데없는 음식을 대소변으로 보내듯 쓸데없는 거짓의 마음을 대소변처럼 없애는 것은 그 마음을 버리는 죄사함인 회개 참회 함이다.

진리의 존재를 보고 또 알고 되는 방법

진리란 영원 이전에도 있었고 영원 이후에도 있는, 시작 이전에도 있었고 영원 후인 끝 이후에도 있는, 하늘 이전의 하늘인 대우주의 영과 혼이라.

성경에 보면 사람을 하나님의 형상을 닮게 만들었다고 되어 있다. 원래인 하나님의 형상은 일체가 아무것도 없는 가운데 일신이 존재하는 하늘 이전의 하늘인 영과 혼 자체다. 진리 자체인 이 존재를 사람이 볼 수가 없고 알지 못하는 것은 사람은 자기가 배운 것, 다시 말하면 경험했던 것만 자기의 마음속에 가지고 있기에 그밖의 것은 알지를 못한다. 그래서 사람은 자기 위주의 편협된 자기 모양만한 자기 몸만한 마음을 가졌기에 그 마음에는 하나님이신 진리가 없기에 알지 못한다.

마음에 진리를 가져야 진리를 알 수가 있기에 마음속에 진리가 없어 모른다.

그러나 사람의 마음이 이 우주만한 가장 넓고 높고 낮고 큰 마음으로 다시 나면 진리의 존재가 자기 속에 있는데 모를 리가 없을 것이다. 사람의 마음에 죄사함을 다 하면 그 마음이 진리의 존재와 하나가 되니 그 마음이 하나님의 형상을 닮은 것이다.

자기라는 마음과 몸 자체가 없어지고 진리의 몸 마음으로 다시 나면 자기 자체가 진리 자체가 되어 자기 마음속에 진리가 있으니 마음으로 볼 수가 있고 또 알 수가 있고, 진리의 자식은 진리라 진리가 모를 것이 없을 것이다. 자기라는 존재를 진리의 존재에게 다 바치면 진리만 남아 살 것이고 자기가 있고 진리를 자기 속에 넣으려는 자는 영원히 있어도 진리를 얻지 못할 것이다. 참으로 자기의 몸 마음이 다 죽어 진리의 몸 마음으로 다시 난 자만 살 것이다. 서울에 가 봐야 서울을 알 수가 있듯이 자기의 마음속에 진리 가진 자만이 진리를 보고 또 알고 될 수가 있을 것이다.

복이란

우리는 세상 살면서 이 복을 많이 바라고 산다. 나는 인복이 없다고 한탄하기도 하고 또 돈복이 없다고도 하고 자식복이 없다고도 하고 수많은 복 타령을 하고 산다. 이 세상 사람은 살아가는 것이 잘살기를 바라고 호의호식하기를 바라고 자식 가지기를 바라고 좋은 여자 남자 만나 잘살기를 바라고 건강하기를 바라고 공부 잘하길 바라고 좋은 학교에 좋은 직장 얻어 살기도 바라고 사람의 바람은 끝이 없다. 사람들 종교 기타의 점술가 그밖의 존재에게 복 달라고 하기도 한다.

그러나 사람은 자기의 마음먹은 대로 된다는 우리나라 말처럼 사람이 자기가 가진 마음에서 행동하기에 그 마음에 가진 만큼 더도 덜도 아닌 그만큼 산다. 가령 학교 다닐 때 의술을 배웠으면 그 마음에 의술을 가지고 있어 사회에 나와서 의술을 하고 살 것이고, 법학을 했으면 법 계통에서 일하고 살 것이다. 또 컴퓨터를 했으면 컴퓨터를 할 것이고 지금 사는 모양이 자기 마음의 표상일 것이다. 자기 마음에 근면함을 가지고 있으면 열심히 일하여 잘 살 것이고 자기 마음에 게으름이 있으면 게을러 못살 것이다.

같은 일을 하더라도 사람의 마음에 잘 맞추는 자는 잘될 것이고 잘 못 맞추고 융통성이 없으면 일이 잘 안될 것이다. 학교에서 실력이 없는데 좋은 학교에 갈 수가 없을 것이고 돈이 없는데 아무리 돈돈 해도 기복해도 돈이 없을 것이다. 돈이 없는 자는 부지런히 일하면 돈을 벌 것이고 자기의 행동만큼 결과가 있는 것은 지당한 이야기다.

행동 있게 하고 또 움직이고 상대를 대하는 것 모든 것이 마음에서 이루어지기에 또 지혜가 마음에서 이루어져서 행동함과 동시에 그 결과가 있기에 복 가진 자만이 잘 살고 행복할 것이다.

마음에 복이 있어야 복이 있는 법이라. 사람은 자기 마음속에 복을 가지고 있지 않아 복이 없는 것이다. 사람의 마음은 자기중심적인 집착된 자기중심의 마음을 가지고 살고 있기에 그 마음에는 복이 있을래야 있을 수가 없는 것이라. 허인 망념만 꽉 차 있기에 복이 없는 것이라.

그 망념인 자기중심적인 마음을 없앨 때 또 자기라는 존재가 없어져 진리인 가장 넓고 크고 높고 낮은 마음 가질 때 그 복이 있어 세상의 일체 일들이 다 잘될 것이다. 부딪힘과 걸림이 없고 시비분별이 없고 일체의 모든 것을 다 수용하고 다 받아들일 때 또 자기라는 존재가 없어 복 자체이기에 일체를 담을 그릇을 가지고 있기에 그 복이 들어올 것이다. 자기가 없기에 행하는 모든 것이 복 자체이어서 다 이루어질 것이다.

세상에서 최고의 복은 천복을 가지는 것이다. 천복이란 진리가 되어 영원히 하늘나라 사는 것이고 세상 살아가는 데도 천복 가진 자는 잘 살아갈 수밖에 없는 것이, 바라는 복에 지혜로 대처하고 행동하기에 세상의 일체의 복을 가지고 살 것이다. 세상을 살아가는 데에도 무슨 일을 하는 데에도 속이 좁아 빠진 부정적인 사람은 이룰 수가 없듯이 큰 마음인 수용하는 진리의 복의 마음 가진 자는 긍정적이고, 긍정적일 때 행동을 하게 되고 행동에 결과가 있다. 그래서 복을 가지는 것이다. 복 가지고 싶은 자여, 마음 닦아 소극적이고 협소한 자기 관념 관습에서 벗어나 참 복인 세상에서 가장 큰 마음으로 바꾸면 세상의 일체가 복인 것이다. 또 자기가 바라는 복은 참 행이 있어 올 것이다.

자기가 그 마음에 가진 만큼 사람은 세상을 더도 덜도 아닌 그 틀에서 그만큼만 사나, 사람이 거듭나야 그 운명이 완전히 바뀔 수가 있는 것이라. 자기의 뜻을 이룰 수가 있을 것이라. 그러려면 그릇이 되어야 되지 않겠는가. 마음을 닦으면 그 그릇이 된다.

사람의 마음에는 악과 선인 마귀와 진리가 공존한다

사람의 마음은 원래가 하나님의 성전이고 부처님의 법당인 진리 자체이나 그 마음에 인간이 자기라는 성을 쌓아서 그 성전과 법당에는 마귀인 자기라는 허상의 지나간 추억의 그림자를 잡고 살아가고 있다. 그것이 자기중심적인 이기적인 아상을 가지고 살아가기에 그것이 마귀이고 악인 것이다.

선이란 의인 진리의 존재만 의인 것이다. 본래의 마음은 선이나 사람이 죄를 지어 악인 것이다. 마음속에 선과 악이 있어 선인 진리가 마귀를 쫓을 수가 있는 것이다.

기독교에서 하나님만 마귀를 이길 수가 있다는 말도 이 마귀는 그야말로 고집불통이라 자기의 틀에 맞으면 맞다고 하고 자기에게 잘해주면 맞다고 하나, 자기 속에 부처님 하나님인 진리의 존재만이 이 마귀인 죄를 물리칠 수가 있는 것이라. 불에 태우고 무한대 철판으로 쳐서 없애고 마귀를 다 없애면 영생을 얻고 천국이 나타나 그 나라 사는 것이라.

악과 선의 싸움에서 악을 선이 이겨야 인간이 완성을 이룰 수가 있고, 악이 선을 이기면 인간은 죽고 말 것이다. 어떻든 인간 완성과 영생천국은 선인 하나님만이 갈 수 있게 할 수가 있는 것이라.

인간이 생성되어 사는 때

아득아득한 옛날
이 천지에는 사람이 없었지
사람은 이런저런 일로
이런저런 조건에
이것저것이 있는 가운데
사람이 난 것이라
창조주는 그냥 있으나
창조주는 완전하여
천지의 조화로 인간과 만상이 난 것도
창조주의 뜻인 것이라
창조주는 완전하여
사는 것도 모두 그 뜻에 사는 것을
창조주의 마음이 된 자만이 알 것이다

사람이 나고 사람이 사는 것도
창조주는 사람을 많이 살리기 위하여
뜻 아닌 뜻이 생성기의 시절이 있었고
성장기의 시절이 있고
결실기의 시절이 있지
결실기의 시절에는
인간이 완성이 되는 때이라
우리나라는 완성인 시대에는
하나로 그치는 도인 정도가 온다고 했고
기독교에서는 구세주가 온다고 했고
불교에서는 미륵이 온다고 했다
원불교에서는 미륵이 온다고 했고
증산도에서는 대두목이 온다고 했지
모두가 완성을 이루는 때가 온다고 했지
우리나라 말에 철들어라는 말은
생성기 성장기 결실기의 그때인
결실기의 철에 들어라는 말이라
지구의 가을철인 이때에
인간이 완성되어
모두가 진리나라에 나서
완성이 되는 때라

천지가 개벽이 되는 때는 정신개벽이고
정신이 개벽되는 것은
인간의 몸 마음이 진리로 다시 나서
살아서 이 땅 이곳이
사람의 진리인 마음속에 있게 하여
불국토가 되고 천극락이 되고
진리라 영생이고 진리라 생사일여하여
모두가 사는 때라
이 땅 이곳이 천극락이고 삶 죽음이 없어
살아서 완성이 된 자는 완성 자체라
육체인 이 몸은 죽어도
진리의 몸 마음은 진리나라 난 자는
죽음이 없이 살 수가 있는 것이라
몸과 만상은 이 세상에서는
조건에 나서 조건에 살다가 가나
완전한 진리나라에는
진리가 된 영혼인 진리의 몸 마음은
그 자체가 진리가 되어
영원히 살 수가 있는 것이라
이것이 부활이고
지상천극락이 실현이 되는 것이라

진리 자체로 거듭나지 않고는
살 자가 세상에 없는 것이라
부활도 정신인 영혼 부활이지
이 세상에서 없어진 몸 자체가
다시 나는 것이 아니고
없어진 몸의 살 자체가
다시 나는 것이 아닌 것이라
진리의 성령 성신 보신 법신
정신으로 거듭난 자만이
영원히 진리의 나라인
성령 성신 보신 법신 정신 나라에
성령 성신 성자가 하나이고
보신 법신 화신이 하나이고
정신 자체가 한얼이라 살 수가 있는 것이라

진리의 존재

진리의 존재란 참의 이치인 만상의 근본인 존재이고 이 존재는 시작 이전에도 있었고 시작 이후에도 있는 것이라. 이 진리의 존재는 진리의 존재 자체가 확실히 되어보지 않고는 알 자가 없을 것이다.

사람이 안다는 것은 자기가 배우고 경험한 것만 자기 속에 내재가 되어 안다고 하듯이 자기 속에 없는 진리를 알 자가 없을 것이다. 세상의 일체의 것은 자기 마음에 새기면 되나 진리의 존재는 진리 자체가 되지 않고는 진리를 알 수가 없는 것이다. 공부를 시키다 보면 자기의 망념의 진리의 존재를 가지고 있는 자는 비교 검토하는 자가 많은 것이라. 그 망념이 한 겹이 더 있어 공부하기가 힘드는 것이라.

진리는 머리에 새기는 것이 아니고 마음을 닦아서 마음에 가지는 것이라. 진리란 존재는 영원 이전에도 있고 영원 이후에도 있는 우주를 창조한 우주의 영과 혼인 하늘 이전 하늘이고 이 자체가 창조주이고 진리의 존재로 이 자체가 된 자가 진리를 볼 수가 있고 진리를 알 수가 있고 진리가 될 수가 있는 것이라. 창조주란 진리고 천지만상의 어버이라.

인간 완성인 진리가 되는 것도 자기라는 존재의 마음인 자기의 관념을 버리고 자기의 틀을 벗으면 또 몸인 자기를 버리면 진리의 존재만 남아 내 마음이 그 자체라. 그 자체인 나는 진리라. 진리는 진리라야 알아볼 수가 있는 것이라. 진리는 머리로 하는 것이 아닌 그 마음에 진리가 된 만큼 알아지는 것이 깨침이라. 그 마음이 커진 만큼 수용이 되는 것이라. 가장 큰 마음이 되어 완전 진리가 된 자만 진리를 알 수가 있는 것이라.

대자연

새소리 풀벌레 소리
어두우면 짐승의 소리
나무 풀만 무성하고
더위에 쉬다가
밤에 움직이는 짐승이 있어라
찾는 이가 없고 인적이 없는
깊고 깊은 이 산천은
태고나 다름이 없구나
이곳을 찾은 이가 몇이나 되나 생각하여 보아도
찾는 이가 없다는 생각이 드나
자연이 말없이 제자리에 있을 뿐이고
어디에다 하소연 못하고 있는 것같이
사람은 생각하나 그냥 있구나

그 마음도 없고
자연 자체의 그 마음은
진리의 마음 자체라
일체가 개체의 마음이 없는
진리의 마음에는 시비분별이 없고 그냥 있구나
물은 높은 곳에서 아래로 흘러가
나무 돌 이끼에 걸리니
맑다가 못하여 그냥 희구나
물맛은 단맛이 나고
물 위에 수정 같은 물방울이 구르구나
계곡 따라 강물이 되고 바다가 되고
그 바다의 물 자체는 합중수라 짠맛이 되구나
수증기로 변하여 비가 되어
땅으로 오니 돌고 도는 것이라
산천이 너무 높으면 높은 곳에는
나무가 자랄 조건이 안 되어 나무 풀이 없고
사람이 자기가 너무 잘난 자는
주위에 사람이 없는 것이라

자존심이란

자기라는 허상의 존재를 지킴이다
참 자존심은 진리를 가짐이라
자기의 마음이란 허상의 상을 쌓다가
그 자체를 가지고 삶 사니
자기의 마음이 협소한 자일수록 자존심이 강하다
부딪혀도 부딪히는 대로
바람이 불어도 부는 대로
사람도 바람 물처럼 사는 것은
자기라는 그 마음이 없으면
생긴 대로 그냥 사니
일체가 하나인 진리 자체나
사람의 좁아 빠진 이기적인 마음에는
진리가 없어라

바람 물처럼 못 사는 것은
그 마음이 그 바람 물이 못 되어서라
대자연이 못 되어서라
이런저런 조건도
자기의 가짐을 다 버려도
그것을 그냥 보고 그냥 사는 자가
가장 지고한 자이고
세상 조건에 자기가 불이익을 당하여도
말없이 살아가는 자가 가장 지고한 자이라
그 마음 자체가 자연심이 된 자만 원수도 없고
자연심이 된 자만 미운 이도 없고
사람의 마음속의 일체의
인간의 추억의 그림자의 상이 없고
진리만이 있는 자가
자연심으로 다시 난 자라
대자연 자체라 자연과 하나이구나

인생사

바람이 세차게 불구나
지나간 추억들이
마음에 물밀듯이 와 닿고
뜻 없는 추억이지만
그리움으로 변했구나
초로의 인생 삶을 뒤돌아보니
즐겁고 괴롭고 고독했던 수많은 날들에
무엇 했는지 한 것도 없이 이 몸만 위하여
무수한 세월만 흘러갔구나
인생의 바른 삶이 무엇이고
사람이 왜 사는지
사람이 왜 죽어야 하는지
뜻도 이유도 모르고 살았구나

사람이 산다는 것은

모두가 허망한 꿈속에 살다가

뜻과 이유가 없이 어디론가 사라지니

못다 한 인간의 한이

모두가 나의 욕심의 하나의 꿈이었어라

고독한 나날도 고독한 인생사도

나만이 가진 것이 아니나

그것을 느끼고 산 것은

유독히 나의 마음이었어라

한번도 제대로 웃어보지 못하고

한번도 제대로 즐거움이 없었던 지난 삶이

아름다운 추억도 없었고

아름다운 추억의 일을

가지지 못했던 것이 한이었구나

수많은 이가 나를 부러워하나

나는 지고한 진리라

인간이 부러워하는 것은

알아주고 인정하는 것이나

인간의 진실한 그 마음 아닌

허상의 그림자의 자기의 바람과

자기의 욕심의 마음으로 나를 대하니

나는 그것이 싫어서
나는 사람에게 가르쳐주고는
나를 알 만하면 사람이 싫어
사람들 곁을 떠나구나
나는 더러운 마음 닦기를 바라고
집착의 죄를 벗기를 바라고
나처럼 깨끗하여
세상의 이치를 다 알기를 바라나
격암유록에 쓰인 대로
뱀 같은 머리로
미륵천을 쳐다본다고 했던 것처럼
자기의 죄는 사하지 않고
자기 욕심을 차리기 위해
나만 쳐다보구나 또 나의 형상만 보누나
그저 얻으려는 마음만 있으나
나는 누구나 자기의 죄를 다 사하는 자는
또 깨끗하여 진리가 된 자는
모두가 천상나라에
나와 함께 영원 영원히 산다는 것을
가르치고 있구나
바람이 불고 비가 와도

검은 구름에 눈보라가 휘날리고

짙은 안개가 끼어 있어도

인간과 만상이 변해도

참세상은 변하지 않으니

살기 좋은 세상에는

사람들이 언제나 모두가 찾아나 올까

도대체가 인간의 집착은 어디까지인가

자기의 욕심대로만 살고

참으로 살아야 하고

참으로 가야 하는 천국은 가지 않고

철없이 뜻도 이유도 없이 바쁘기는 바쁜데

그 망념 따라 살기에

그 망념 시키는 대로 사는 것이 한없이 바쁘나

아무런 뜻도 이유도 없구나

남는 것이 없고 가질 것도 없구나

뜻 없이 살다가 갈 곳 모르고 가니

허된 망념 속에서 속아 살고

허된 망념 속에서 갇혀 살구나

쉬지 말고 자기의 죄를 사하여

부처님 하나님 나라에

모두가 들기를 바라고 바라나

필요하고 필요한 건 자기이나
필요한 자는 죽은 자라 답답함 모르고
산 자만 죽은 자를 살리는 의사가 되어
답답해하구나
죽어도 작게 죽은 것이 아닌
60억 인구 모두가 죽어 있으니
가슴이 답답해하는 정신을 살리는
정신 의사는 바쁘기만 하구나
인생 살면서도 바빴고
정신 의사 생활하면서도 나만이 바쁘고
사는 것이 정신 차리게 하여
정신 나라 들게 하는 것이 보람이라
그것에 전념하고 있구나 그것만 하고 있구나
추억의 그림자를 없게 하여
모두가 참이 되어 살자고 하구나
인간의 완성만이 살 길이다 하고 있구나
밝은 빛의 나라
살아 있는 나라
희망의 나라
생명의 나라
참의 나라

영생부활의 나라
인간이 꿈꾸던 최고 이상의
완전한 나라 가자고 하고 있구나

도통 신선 성자는 하나의 진리의 존재로 거듭나는 완성자다

도통이라고 하면 천지만물의 본래 자리이고 근원 자리인 창조주인 진리가 도인 것이다. 도통이란 뜻은 이 자체로 거듭나서 도인이 되는 것이다. 신선이라는 이야기도 마찬가지고 성인이라는 이야기도 마찬가지다.

모두가 진리 자체인 존재가 자기 마음이 되어, 다시 말하면 본래의 몸 마음인 영혼으로 거듭나서 자기가 진리 자체의 몸 마음으로 나니 이것이 거듭남인 생사일여요 영생이요 지상극락인 불국토요 또 천국인 것이다. 모두가 이 자체가 되어 지상천극락에 난 자는 살아서 도인 신선 성자 된 자만이 진리라. 이 나라에서 영원히 살 것이다. 거듭난다고 하니까 또 부활한다고 하니까 사람들은 이 몸 자체로 부활하는 줄 아나 마음인 정신의 부활이고 그 영혼의 부활이고 진리인 살아 있는 그 영혼의 나라가 바로 천극락인 것이다. 인간 완성이 된 자는 바로 천지만물이 살아 있는 진리의 영혼의 나라에 함께 영원히 살 것이다. 이 나라에 난 자가 도인 신선 성자이고 완성자인 것이다.

세상에서 가장 중요한 것은 무덤에서 빠져나와 빛의 나라에 사는 것이다

그대는 왜 살고
인간의 진정한 삶이 무엇인지 아는가
그대는 왜 태어났고
인간이 생긴 진정한 의미 아는가
그대는 무엇 위해 살고
삶의 진정한 의미를 아는가
그 해답도 없이 덧없이 인생살이에
자기의 몸을 위하여 호의호식을 위해
그 몸뚱아리가 전부인 양 알고
저만 위해 사는 삶이
자기 무덤 자기가 파고 갇혀 있음을
무덤 밖의 세상을 모르니
빛의 나라이고

자유의 나라이고
참의 나라이고
살아 있는 나라이고
죽음이 없는 나라인 밖을 모르니
보지도 듣지도 가지지도 못하니
죽음 자체가 아닌가
죽은 자가 어찌 자기가 죽은지
살았는지를 알 수가 있는가
산 자만 죽은 것 알고
산 자만 산 것을 알지 않는가
무덤 속의 생활에 묶여 살 것이 아니고
무덤 밖으로 빠져나오는 것보다
더 바쁜 일이 세상에 있겠는가
이 세상은 무덤의 세상이나
무덤 속에 갇힌 자는
무덤임 모르고 살지 않는가
이 세상은 지옥의 세상이나
지옥임을 알지 못하듯
참을 모르니 참의 세상을
어찌 알 수가 있겠는가
자기가 아는 것만큼인

자기의 경험만 가지고
안다고 하지 않는가
참인 진리의 나라는
가지고 있지 않아 모르는 것이라
지옥에서 사람은
불필요하고 하지 않아도 되는 일을
바삐 하고만 있구나
그것이 전부인 줄 알고 있구나
바쁘게 동동걸음 치며 가도 갈 곳 없고
하나도 이루어지지 않는 허 속에서 가진들
무슨 소용이 있고 무엇을 가졌단 말인가
망념인 허 속에서 허 가지고 가진 줄 알고
뜻도 의미도 없는 삶 살구나
한 번밖에 없는 인간으로 태어나서
이 세상이 끝이라면
인간이 무슨 의미가 있겠는가
자기가 허의 세상인 무덤에서 빠져나와
영원한 진리의 나라인
밝은 빛의 나라인
살아 있는 나라에서
근심걱정도 없이 영원히 사는 것이

가장 바쁜 일이 아니겠는가
가도 갈 곳이 없으면서
바쁜 것도 없으면서
참으로 가야 할 곳 가지 못하는 것
무슨 연유이고 무슨 뜻인가
살아 살아야 하고
살아 살아 있는 나라에 가야 살지 않겠는가
인간의 궁극적인 모든 목적은 사는 것이고
산 나라의 일을 하는 것이
다 깨친 자이고 다 안 자이고 다 이룬 자라
그 나라에 자기의 복은
자기가 쌓아야 하는 것이라
자기 것이라 영원히 그 복으로 살 것이라
세상에서 가장 잘난 자이고
세상에서 가장 지혜자라
죽은 자는 죽은 나라에
무덤에 회칠만 하고 있구나

전해오는 이야기 중에 천극락에 간 이야기

사람이 죽으면 생명의 샘의 물을 마시면 과거를 다 망각한다는 이야기가 있다. 이 말은 자기라는 존재인 마음과 몸과 또 천지가 죽으면 없을 것이니 진리인 생명의 근원인 또 생명인 정과 신의 세계가 있다. 그 진리인 존재로 다시 나니 과거의 지옥세계의 관념과 관습이 없어지니 과거를 다 망각하는 것이다.

이 세상은 물질의 세계이지만 정신의 생명을 얻은 진리 세상은 영생불멸의 참의 세상이다. 살아서 자기를 다 없애어 보면 생명수를 마셔 알 수가 있는 것이다. 또 죽어봐야 저승을 안다는 이야기도 있다. 자기가 살아서 다 죽어보면 저승을 알 수가 있는 것이다. 이 말은 서울에 가봐야 서울을 알고 자기가 경험을 해봐야 안다는 뜻으로 세속에서는 쓰인다.

옛날에 한 선술가가 있었는데 한 사람이 도를 배우러 가니 자기에게 십 년간 머슴살이를 하라고 하여 십 년을 머슴살이를 하였다. 십 년이 지났다고 말을 하니 연못가에 있는 저 높은 나무에 올라가서 뛰어내리라고 했다. 뛰어내리니 하늘로 승천했는 이야기가 있다. 이 이야기도 자기가 마음으로 뛰어내려 마음으로 죽으니 참세상인 하늘 세상이 있다는 이야기이다.

심청전의 이야기는 심청이라는 뜻은 마음이 맑음을 의미한다. 자기의 외딸마저 부처님인 진리의 존재에게 다 바치니 심봉사가 눈을 뜬 이야기다. 다시 말하면 새 세상인 진리의 나라에 난 이야기다. 심청은 인당수 깊은 물에 빠져 죽으니, 이 말은 이마의 생각의 뭉치에 자기라는 존재가 다 죽으니 용왕의 세계인 진리의 세계에서 다시 부활하여 왕비가 된 이야기다.

진리인 심청이 인간 세상에 와서 참마음 가진 진리인 것이다. 진리인 심청을 만나 마음의 봉사인 심봉사도 참마음의 진리의 눈을 떴다는 이야기는 심봉사도 심청도 모두 자기를 버려 또 자기 것을 버려 마음의 눈을 떴다는 이야기다.

나무꾼과 선녀의 이야기도, 사슴은 자신의 목숨을 살려준 나무꾼에게 은혜를 베풀려고 아이가 셋 있을 때까지 선녀에게 날개옷을 주지 말라고 한다. 그런데 아이가 둘 있을 때 주어서 선녀는 아이들을 데리고 하늘로 가버리는데, 후에 나무꾼도 선녀가 목욕하는 두레박을 타고 하늘에 가서 살다가 지상에 있는 어머니가 보고 싶어 선녀에게 조르니 이 말을 타고 가서 절대로 내리지 말라고 하였다. 지상으로 내려와 어머니를 만난 나무꾼이 떠나려고 하니 어머니가 팥죽이라도 먹고 가라고 하기에 말 등에서 먹다가 뜨거운 팥죽이 말 발등에 떨어져 말이 놀라 하늘로 승천을 하고 나무꾼은 땅에 떨어졌다는 이야기다.

이것도 진리나라에 천국에 간 자가 뒤돌아보면 천국을 못 간다는 이야기다. 결국은 나무꾼은 땅의 미련으로 하늘나라에 가지 못하였다.

세상에서 가장 바쁜 일이란

세상 사람은 이 세상을 살아가는 데 이 세상의 사람들이 사는 대로 그렇게 살아가는 데에도 바쁘기가 그지없다. 처자식을 먹여 살리고 학교에 보내고 남만큼 돈 벌어 살아야 하니 이 몸을 호의호식시키는 데에 사람은 노력하고 살고 있다. 학교 공부도 결국은 잘 먹고 잘 살기 위하여 공부하는 것이고 진정한 인생관과 가치관의 목적과 이유의 뜻을 모르고 그 인생의 삶의 목적을 사람들은 아무도 모르기에 그것을 공부시키는 교육기관이 없다.

사람이 이 세상에 태어난 이유와 목적은 살기 위해서다. 살기 위해서다라고 하면 이 세상에 살기 위함이 아닌 영원히 살기 위함이다.

인간의 몸을 받는 것도 수많은 세월 속에 친외가의 자기 조상이 있어 자기 부모가 있었고 그 부모의 그날 그 시의 인연으로 인하여 자기라는 존재가 난 것이라. 그날 그 시의 인연이 아니면 나란 존재는 없었을 것이라. 그만큼 나란 존재가 나오기까지는 조상들의 산 삶의 꼭 그런 조건에 났기에 극적으로 난 것이라.

이렇게 귀하고 희귀한 나란 존재가 이 세상에 난 이유와 목적은 영원히 살기 위함이다. 사람은 이 세상에서 살아가기 위하여 자기의 몸을 위하여 갖은 자기중심의 이중 삼중의 척의 마음 가지고 산다. 자기의 마음속에 살아오면서 이것저것의 수만 가지의 마음을 먹어 놓았으니, 다시 말하면 가졌으니 자기가 자기 무덤에 묻혀 자기가 죽어 있는 것이라.

영국에서 세포로 양을 복제했듯이 세포 하나가 자기와 똑같은 것이고 자기의 축소판이 세포이라. 세포까지도 자기의 죽은 의식의 세포라. 사람은 살아가고 있는 이 세상이 자기의 가진 마음의 세상이라서 실의 세상이 아닌 것이라. 자기가 가진 마음에 따라 세상을 보는 것도 서로가 다르고 자기 마음속에 가진 만큼 그것을 알고 또 그 마음을 가진다. 그 마음이 나를 움직이게 하고 이 세상 사는 것도 그 마음에 가진 만큼 알기에 그 마음이 사는 것도 그 마음에 무엇을 가졌느냐에 따라 서로가 다르다. 그 마음에 지나간 추억의 그림자인 자기가 경험하고 배운 것을 자기 속에 넣어서 사니 그것은 참 아니라. 자기가 죽으면 없는 허상이나 자기 속에 진리인 참이 있는 자는 자기 속에 참인 진리가 있어 죽어도 죽지 않는 것이다.

자기라는 마음속에 실이 아닌 허가 많은 자는 그 허인 망념이

시키는 대로 살아가야 하니 자기의 무덤 속에서 자기의 망념의 삶을 살아가고 있는 것이라. 무덤 속에서 고통 짐을 벗고 또 마음 편안해지기 위하여 종교나 기타 수련을 하나 무덤 속에 갇힌 자는 자기가 만든 회칠한 무덤에서 빠져나올 수가 없는 것이라.

무덤 속에서 나오면 이 세상이 있듯이 무덤 속에 죽은 자는 무덤을 파헤쳐 나올 수가 없는 것이고 수많은 이가 이 세상을 이야기하였으나 누가 와서 이 무덤 밖으로 데리고 간다고 하고, 믿으면 무덤 밖으로 간다고 하나 그렇게 하고 있으면 간다는 보장이 있겠는가.

무덤 바깥의 사람이 바깥에서 보니 그 무덤에서 빠져나오는 방법을 알 수가 있지 않는가. 무덤 속에 수많은 거짓과 위선이 있고 무덤 속에서는 행이 없는 꿈의 망상의 허된 말만 있으나 무덤 밖에선 모두가 자유요 구속이 없고 보는 대로 있는 대로라. 무덤에 갇힌 자는 본래 무덤 속에만 죽어 있어서 무덤 밖의 이 세상을 모르니 그것이 전부인 줄 알고 죽어 있구나.

무덤 밖의 이 세상에 사는 자는 무덤 속에 갇혀 사는 사람이 불쌍하고 가련하고 무덤에서 나오면 그만이고 이 세상에 살 수가 있을 텐데 그렇게 죽어 있는 것이 한없이 한없이 가련한 것이라.

사람이 해야 할 일 중에 무덤에 갇혀 있는 자는 무덤에서 나와 이 세상에 죽음이 없고 자유고 해탈이고 자기가 주인이 되는 새 세상인 이 세상에 나오는 것보다 더 바쁜 일이 있겠는가. 그것만이 인간이 세상 난 이유와 목적을 이루는 것이고 무덤 밖에 난 자는 무덤 밖의 삶 살지 무덤 안의 삶 살지 않는다.

세상 되어 살자

세상이 싫어
나만 노래 불렀지
그 노래는 원한의
나의 마음이 모두가 떠나가고
못마땅한 세상도
노래 따라 가 버렸지
세상을 살다가
내 뜻에 맞지 않는다고
나는 술을 마셨지
술잔에 술 취함에
수많은 번뇌가 사라졌지
세상이 얼어붙은 겨울에
달만이 나의 벗 되어

사람이 없는 들판을 걷기도 했었지
인간의 삶의 진정한 의미를 몰라서이고
나의 뜻에 세상이 맞지 않아
무작정 걸어도 보았지
입김인지 담배 연기인지
연기를 길게 빨아당기고 뱉으니
어디론가 사라지는 연기의 인생을 배우고
인생의 허무함을 알고 살았지
이유와 뜻도 없이
수많은 생각에 생각이 꼬리를 물고
고독한 나의 심사에
한번도 제대로 웃음 있는 날 없었지
가도 가도 막막한 사막이듯이
해답이 없는 삶 살다가
내가 없어지고 세상의 하늘이 되어 보니
세상의 이치를 알게 되었지
나의 노랫소리도
나의 술 먹는 것도
수많은 번뇌도
나가 없어지고 세상이 되니
세상의 노래이고 세상이 술 먹으니

모두가 자유이고 모두가 여유가 있고
죽 끓듯 끓는 번뇌가 없고
세상만 나 속 있으니 항시 쉬고
노래는 쉬는 한가한 노래가 되었고
원한의 노랫소리가 사라졌고
궁금하고 의문의심의 일이 없어지고
그냥 살고 그냥 있으니
나가 없고 세상이 된 나는
있되 없구나 없되 있구나
참 생명인 세상은 나 자체이구나
대자연의 뜻을 알고 대자연의 삶을 알아라
천지의 만상의 뜻도 알고
창조주의 진정한 천지 낸 이유도 알아라
무엇 위해 살고
내가 세상 난 이유도
세상이 되어 세상만큼 살고
세상 속에서 세상과 하나로 살으라는 뜻이라
자기의 마음속에서 사람이
그 마음의 노예가 되어 사는 것이 안타까워
세상이 되어 세상만큼 살고
번뇌망상의 노예가 되지 말고

자유고 해탈이고 크게 쉬라고 이야기하구나
자기가 가진 세상은 자기 속에서
죽음이 없고 그냥 살구나
있고 없고가 하나이고
모든 것이 살아 있으니
세상 되어 살으라고
이야기를 하고 있구나
인간이 완성되어 사는 세상이
세상이 됨이라

가고 오고도 없고
오고 가고도 없고
스스로 존재하구나
세상 된 모두가 그렇게 살구나
세상 된 모두는 영생불사신 자체라
세상과 더불어 하나가 되어 살구나
인간이 자기의 마음속에
세상 가진 자만 사는 나라가
영생천극락이라

진리가 되어보고
진리를 알아야지
자기의 관념 속에서
진리를 알려고 하지 마라

사람은 개체인 자기의 의식이 깨어진 만큼 진리의 존재가 자기의 의식 속에 들어와서 그만큼만 안다.

흔히들 공부를 시키다가 보면 자기의 관념 관습인 마음과 몸을 버리지는 않고 자기의 관념 관습으로 진리인 도를 판단하려 하고 자기의 좁아 빠진 마음으로 알려고 하나 경지를 못 넘어가는 것 같다. 또 자기에게 없는 진리를 자기의 망념이 만들어서 알려고 하나 바로 알지를 못한다. 누에도 먹을 만큼 먹어야 한잠을 자듯이 자기의 관념 관습도 버릴 만큼 버렸을 때 진리가 자기 속에 있게 되는 것이다. 다시 말하면 깨쳐지는 것이다.

머리로 이해하려는 자는 이룰 수가 없고 머리로 알려는 자는 또 알 수가 없는 것이 진리라. 진리가 된 만큼 진리를 자기 속에 가진 만큼 알아지는 것이 진리라. 그 과정에는 누구나가 시간이 필요한 것이라. 요즈음 사람은 하지도 않고 결과를 바라는, 너무 성질이 급하여 이루지를 못하는 경우가 많다. 자기가 닦을 만큼 닦아야 진리가 나타나는 법이라. 또 될 수가 있는 것이라. 가장 중요한 진리를 위하여 또 진리가 되는 것보다 더 중요한 것이 없는데 자기의 뱀 같은 머리로 얻으려고 하니 얻어지겠는가.

이 세상 삶 살 때도 마음이 일심이고 꿋꿋하고 곧은 자만이 얻을 수가 있는 것 같다. 너무 교활한 이중 삼중의 마음이 있거나 자기라는 틀이 강한 자는 얻지 못하는 것 같다. 진리라는 것은 진리가 되어 다시 나는 것이지, 자기가 있고 진리를 가지는 것이 아니다. 진리가 사람 속에 있는 것도 진리라는 존재가 되어 다시 난 자만 진리가 사람 속에 있는 것이라. 결국은 자기의 관념 관습인 자기라는 존재가 하나도 없고 오직 진리만이 남아 그 진리의 마음과 몸으로 다시 나는 것이 다 이룸이고 완성된 것이라. 이 자체가 안 되어 보고는 이 자체를 알지도, 알 수도 없는 것이라.

빛과 어둠

어둠의 세계
빛의 세계

어두움이란
빛이 없어 어두움이라고 하지
어두운 세계란
밝게 보지 못하여
허된 말이 많은 세계지
허된 말이란
거짓의 말을 많이 하여도
사람은 그 말이 참인지 허인지 알지를 못하지
어둠의 세계란 죽어 있는 세계이지
죽어 있으나 그것이 죽은 줄을 모르고 살아가지

빛의 세계란 빛에 만상이 살아 있고
빛에 서로가 밝게 볼 수가 있고
어둠의 거짓의 세상을 훤히 알 수가 있지
산 세상이고 어둠의 세상은 죽음의 세상이지
모두가 시야가 좁아
자기가 보지도 않은 소리를
상상의 망념 들어 망념으로 하지
이렇다 저렇다 빈말만이 있지
수만 가지의 허된 말만 있다가
빛이 있는 밝은 날이 되면
모두가 거짓임을 알 수가 있지
어둠 속에서는 어두움이 참인 줄 알고 있는 것은
빛의 세상을 보지 못하고 못 살아서이지
인간이 잘 살고 인간이 다 이룸이란
생명이 있는 빛의 세상 살게 함이지
말 못하는 사람이 말을 못해도 살아가듯이
귀먹은 자도 말 못 들어도 살아가듯이
자기의 그 마음에 그것이 없으면
없는 대로 살아가나
이 세상에 살 때는
이 몸이 밥의 에너지로 살기에

살아 있는 것 같으나

참세상에는 진리의 에너지 빛 자체만이 생명 자체라

그 생명으로 다시 난 자만

생명이 있어 살 것이라

자기의 마음속에 거짓의 환을 가졌느냐

자기의 마음속에 참을 가졌느냐에 따라

그 마음이 살고 죽고를 한다

사람이 사는 이유와 목적

과학적으로 보면 이 지구는 또 하늘의 수많은 천체는 모두가 본래 우주인 하늘에서 기체가 폭발하여 불덩어리로 있다가 식어서 별과 지구가 되었다고 말하고 있다. 종교에서는 하나님의 말씀으로 천지를 창조하였다는 말씀도 있고 또 종교에서는 천지는 스스로 나왔다는 곳도 있다. 이 말들은 서로 다른 것 같지만 하나의 말이다.

말씀이라는 말은, 로고스(Logos)는 이성(理性)인 근본 성품이라는 뜻은, 하늘 이전의 하늘인 진리 자체인 우주의 창조주이신 영과 혼 자체에서 천지 만물만상이 난 것이니 우리 인간이 육안으로 보면 보이지 않는다. 그래서 인간은 신인 진리를 보지 못하기에 무신론자도 있었다. 얼마 전 동남아에서 해일로 수십만 명이 죽었다. 사람은 없어져도 우주인 하늘은 그냥 있지 않는가. 가상적으로 이 지구가 없어져도 하늘은 그냥 있을 것이고 모든 천체가 없어져도 그 하늘은 그냥 있을 것이다.

사람의 마음이 그 하늘이 되어봐야 창조주이신 신을 볼 수가 있고 또 천지 만상만물은 이 창조주께서 다 지으신 것을 지혜로 알 수가 있을 것이다. 자기의 마음이 없어지고 창조주의 마음으로 되돌아간 자만이 자기 마음속에 가진 만큼 알기에 알 수가 있을 것이다.

아무튼 천지만물과 만상은 살아 있는 진리의 영혼이신 이 창조주께서 창조한 것은 틀림이 없는 사실이고, 또 창조주가 창조했으니 창조주의 자식임에는 틀림이 없다. 그러나 사람은 세상살이가 힘이 들다가 보면 전지전능한 창조주가 계신다면 인간을 원래 완성되게 하여서 고통과 짐이 없게 했어야 하지 않았겠는가,라는 의문을 제기한다.

이 천지는 이때까지의 성장기의 인간 욕심으로 인간의 번식이 많고 또 지구라는 곳에 인간이 많이 번식이 되었을 때 추수하는 것이 많지 않겠는가. 이것이 조물주의 뜻 아닌 뜻이다.

원래부터 창조주의 나라는 완성이 되어 있고 모두가 살아 있으나 인간만이 자기의 죄로 인하여 진리와 하나가 되지 못하였다. 자기의 몸의 부귀영화를 위해 자기중심적인 이기적 마음을 가져서다. 죄와 업이다. 또 내 것이다는 마음을 자기 속에 가지고 있어 자기가 묶여 있어 본래의 주인인 진리와 하나가 되지 못하고 그 마음이 무덤에 갇힌 죽음이라. 자기라는 그 마음 몸이 없어져야 진리를 만날 수가 있고, 자기라는 존재 너머의 진리로 거듭나야 진리의 자식이라. 진리인 영원불사의 살아 있는 나라에 살 것이다.

진리란 살아 있는 존재이고 진리란 죽지 않는 존재라. 이 우주에서 자기가 진리로 완성이 될 때 살아서 진리라 영생할 것이고 살아서 진리나라가 있어 그곳에 살아서 가야 영원히 살지 않겠는가. 아마도 지금은 결실기인 진리가 되는 때이다. 진리보다 더 높은 것이 없고 진리보다 더 완전한 것이 없고 진리보다 더한 것이 없고 종교에서 이름하는 것은 이름은 각기 다르나 완전한 진리인 이 존재다. 진리가 되는 것만이 인간이 다 이루는 완성자가 되어 영원히 살 수가 있을 것이다.

인간의 사는 이유와 목적은 진리가 되어 진리의 나라에 영원히 사는 것이고 결실기인 때에 진리가 되지 않는 자는 죽고 말 것이다.

조물주의 뜻

곳곳 따라에 하늘 나는 동물이
종류가 다르고 모양이 다르구나

곳곳 따라에 기는 동물이
종류가 다르고 모양이 다르구나
물속 사는 것도 마찬가지라

모두가 그 환경에서 나고
그 환경에서 사니 그런 것이라

이것저것은 그 조건에 나고 그 조건에 살다가
그 형체의 수명이 다하면 없어지는 것이
자연의 이치이고 또 진리라

이것도 아는 것이
천지의 모체인 대자연이 되어봐야
알 수가 있을 것이라

천지의 이치의 해답은
천지를 낳은 대자연만이 알 수가 있는 것이라

대자연은 이 세상의 전부이고
그 전체인 전부가 되어봐야
세상의 이치를 알 수가 있을 것이다

천지만상이 나고 살고
또 천지만상이 난 이유와 목적이 무엇인지
자기가 가진 망념에서는
이 문제가 해결이 안 되나
천지의 만상은 조물주인 대자연이
영원히 진리로 거듭나게 하여
살리는 것이 그 목적이라
그것은 목적이 아닌 목적이라

조물주는 목적이 없으나

모든 것을 완전하게 하여 놓아서
삶이 목적인 것이라

이 천지가 사람과 만상은
본래인 근원인 대자연이 되어 다시 나면
사람 속에서 이 천지는 영원 영원히 살 것이라

인간의 마음속이 대자연이 된 자는
대자연 자체라
이 나라는 개체 전체가 하나라
죽음이 없을 것이라

이 나라는 살아 있는 나라라
이 나라는 영원불멸의 나라라
사람의 마음이 이 자체인 근원으로 난
진리인 자만 사는 나라라

사람이 없으면 이 천지는
의미와 뜻이 없어라

천지가 있다는 것

세상이 있다는 것
아는 것이 사람이고

사람이 진리인 본래로 되돌아가서
그 자체의 몸과 의식으로 다시 나면 죽음이 없고
천지의 주인이 사람이 되는 것이라

덧없음

고개 넘어 동리를 가려면
겨울에 풀 위에는 얼어붙은 눈이 있고
묘 터에 심어 놓은 큰 소나무에서
우우 소리를 내면서 차가운 바람이
살 속까지 파고들어라
한참 동안은 동리가 없고
이곳은 밤이면 부엉이 소리에 늑대가 울고
오랜 세월 동안 많은 이는
이 산천을 떠나지 않고 살다가
살았던 유물인 증거가
지금의 사는 사람들이라
그 옛날에 사는 삶 동안
수많은 사연과 수많은 일이 있어서라

지금도 사는 삶이 마찬가지나
참 알고 보니 모두가 꿈꾸며 살다가 갔어라
덧없는 인생에 목매여
자기 것 주장하다 갔으나
남은 것이 없고 그들 것이 없고
자연만 무상하구나
대자연만 말없이 그냥 있으나
지금까지 살아 있고
사람만 번뇌 짓고 요란히 고집 부리다가
자취가 없어졌구나
그냥 살다 가지 못했구나
모두가 자기의 망념에 죽어 없어지고
깬 자가 보는 그곳은
자취가 없는 곳이라
인간의 허망과 삶의 허망을 느끼고
대자연이 되지 않고는
사는 방법이 없음 알겠구나
대자연으로 되돌아가고
대자연의 심신 자체로 다시 난 나라야
자연처럼 영원히 살 수가 있지 않겠는가

참과 허

마음속에 허 가진 자는 허 삶 살다가 가고
마음속에 참 가진 자는 참 삶 살고
또 참인 진리라 죽음이 없는 것이라
만상은 일체가 살아 있으나
인간이 자기가 자기의 욕심에
자기가 너무 잘나
자기 속에 갇혀서 죽어 있어라
천지만상은 자연의 순리로 사나
인간은 자연의 순리가 아닌
자기 가진 마음대로 살아
허인 그 마음이 자기가 되어
허상 속에서 시키는 대로 사는 것이라
그 마음에 영원히 죽지 않는

창조주를 모신 자는

그 마음이 진리라 죽음이 없어라

참과 허는 있고 없고라 살고 죽고라

신은 만상이다

새소리 바람 소리가 모두가 신의 소리나
사람은 신을 찾고 또 찾는다
있는 것이 신이고
있는 것이 모두가 신 자체라
사람은 신을 자기의 망념에서는 찾지 못하는 것은
자기의 망념 속에는 신이 없어 신이 되지 못하여서라
신이란 죽지 않는 영생불사가 신 자체이고
신이란 천지를 다 가지는 그 마음이 신 자체라
신 된 자는 새소리 바람 소리가 신임을 알 수가 있지만
신 되지 않은 자는 새소리 바람 소리가
새소리 바람 소리로 들릴 뿐이라
신과 만상은 하나 자체이고
만상의 본능이 신 자체라

그 모양에 스스로가 삶 사는 것이 신의 모양이라
있음이 있어 있음인 만상이 난 것이라
있음이 사람의 마음속 가지지 않아
있음인 줄 모르는 자체가 신이라
창공이 신이나 창공 가진 자가 없어
창공인 신을 모른다
만상은 그 자체의 표상이고
만상은 그 자체의 삶이라
인간이 이것이다 저것이다 하는 것은
자기의 관념 관습이라
사람은 저마다의 마음이 있어
그 속에서 자기의 주장에
자기를 묶어 놓고 사는 것이나
신은 자유고 해탈이고
신은 있되 없는 스스로 존재하는 마음 자체라
일체를 알아 빈 마음이고
일체를 알아 시비분별이 없고
일체를 알아 생각이 없어라
항시 신은 살아 있으나
산 신이 된 자만 신을 알 수가 있는 것이라
다 깨치고 다 이루고 다 아는 것도

완전한 신 자체로 다시 나는 것이라

이 천지의 만상은

그 삶이 모두가 신의 삶인 한마음이나

인간만이 위대한 한마음이 되지 못하여

자기중심적인 마음 살구나

일체는 스스로 완전하고

일체는 자연의 순리인 조화에 살지만

사람만이 자기만의 세계의 환 속에서 살구나

그냥 자연 되어 있으려므나

갈려므나
있으려므나
이 천지에 가질 것도
가지고 갈 것도 없구나

갈려므나
있으려므나
있으려면 모두가
있기는 있지만
갈 곳 없이 가기보다는
그냥 있는 것이 좋지 않겠는가
그냥 자연 되어 있으려므나

비범의 바른 뜻

평범하다는 것은 대중과 다를 바가 없고 그 모양과 행동이 같다는 뜻일 것이고 비범하다는 것은 일반인보다 더 뛰어난 또 다른 것을 의미할 것이다.

이 세상에서 가장 비범한 것은 평범하고 행동이 같으나 그 정신이 참인 진리의 정신으로 진리로 사는 것이라. 일반인이 보기는 같으나 그 정신이 하늘이라. 천심으로 살아가고 천심으로 사람을 대하고 그 마음에 걸림이 없고 그냥 사는 것이 세상에서 가장 비범한 사람이나 일반 관념은 언행과 특이한 잔꾀를 가진 것이 또 영리하고 힘이 있고 특이한 것이 있는 것을 비범하다고 생각한다. 가장 비범한 것은 가장 평범한 것이다.

물질문명에서
정신문명의 시대

한얼인 정신을 수출하자. 미국 영국 독일 프랑스 일본 기타의 나라에서 물질문명을 배우던 것을 세계인들이 정신문명을 배우러 오게 하고 또 수출하자. 가장 지고한 정신을 수출하여 많은 이가 자유로 살고 살아서 천극락에 나서 살고 영생불사신 되게 하여 새 정신으로 난 자가 정신의 부모국인 대한민국에 찾아와서 정신을 배우고 정신의 부모국에 모두가 구경 오게 하자. 정감록의 예언처럼 비행기가 눈 오듯 하게 하자. 최고의 정신을 수출하여 세상에서 우리의 후손이 가장 잘 살고 모두가 하나로 사는 정신의 선생이 되게 하자.

가장 으뜸의 정과 신은 하나의 얼 속에 있고 그것이 만고의 진리라. 이 진리보다 더 고귀하고, 이 진리보다 더 지고하고, 이 진리보다 더 이상이 없고, 이 진리보다 더 좋은 것은 없으니 진리인 정신을 수출하자.

먼지와 공해가 없고 이 정신을 배운 자는 이 나라를 찾아오게 되어 있으니 진리인 정신을, 대한의 자식은 모두가 배워서 가르치고 또 세상에서 정신의 선생이 되어야 하지 않겠는가. 우리 모두가 새 정신인 정신으로 다시 나서 세상인에게 새 정신으로 나는 것과 새 정신으로 사는 것 가르치자. 새 정신 차리는 것만이 사는 것이고 새 정신으로 나서 사는 것이 자유고 해탈이고 지혜가 있어 바로 보고 허망한 망념으로부터 벗어나 영생불멸히 사는 것이라.

세상을 살아도 새 정신으로 사니 허망한 삶 살지 않고 인과의 이치 알아 분수에 맞게, 현실에 충실히 지혜로 사니 이것만이 만인이 다리 펴고 살 수가 있는 대안이니 새 정신 차려 모두가 가장 으뜸인 새 정신 수출하는 데 모두가 신경 쓰자. 그래서 세상을 하나인 우리나라 만들자. 우리나라는 하나가 되는 나라고 종교 사상 철학 세상의 일체를 하나 되게 하자. 대한의 우리부터 새 정신 차려 세상인 모두에게 새 정신 차리게 하자.

세상에서 제일 중요한 일

술 마시고 하늘 보고
나의 마음 표현하고 전할 길이 없구나
허공에 아쉬운 한숨 쉬며
한 사발의 막걸리를 들이키구나
내 마음 알아줄 이도 또 해결할 이도 없구나
세월 따라 한숨도 가고
기관차처럼 그냥 돌진만 하고 살았구나
지나간 삶이 추억이 되고
생각하기 싫은 사연 사연이지만
인간은 누구나 고독하게 가게 마련이지만
무엇 위해 바삐 살고
무엇 위해 기관차는 갔는지
철들으니 하나의 인생의 삶이 그런 것이었어라

나만이 유난히 고독하고 나만이 유난히
무거운 고통 짐 지고 사는 줄 알고 살았으나
내 눈에 딴 사람의 그 고통 짐이 보이지 않아
고통 짐은 나만의 것이라 생각했구나
나는 세월 따라 청춘이 가고 젊음이 가고
무작정 간 곳이 천지조화의 시때에
천지의 본래임 알고
그 고통 짐의 인생사의
그렇게 살았던 이유는 알겠구나
무엇이든지 나가 있어
내가 해야 하고 가져야 한다는 마음이
모두가 헛된 꿈이고
모두가 부질없음 알았던 것도
말만 듣던 옛 성인들의 이야기와
그 성인들의 심정을 모두 헤아리겠고
성인은 모두가 살아 있는
하늘의 뜻에 나타났다는 것 알겠구나
이 천지가 사람과 하나가 되어
천지와 사람을 내가 살리는
천지의 주인이 나 자체라
철없는 사람만이

천지의 뜻 저버리고 저만 잘나
자기의 마음속에 갇혀 죽어 있구나
그 옛날 전해오던 신선의 이야기와
그 옛날의 부처님의 이야기와
말만 듣던 하느님 하나님의
그 정체와 그 존재를 나가 가르치고
나가 그 존재의 자식으로 나게 하니
세상에서 가장 못나고
세상에서 가장 고독했던 나가
나는 세상 삶이 그렇게 되기 위하여
그랬던 것일 것이다
인간이 누구나 보이지 않으나 고통과 짐 지고
자기의 관념 관습 속에서 죽어 있으나
죽은 자는 죽은 줄 모르고 있어
사는 방법은 자기가 없고 우주마저 없으면
만상의 근원인 본래로 되돌아가서
다시 난 자만 영생불사신이 되는 방법은
본래만이 할 수가 있지 않겠는가
세상 사람은 모두가 제각기
제 나름대로 생을 살지만
누구나 무거운 고통 짐 지고 사는 것은

자기가 있어 그런 것이라
거울을 보면 거울 안에 있는 나는
근심걱정이 없듯이
신이 된 사람은
그 거울 안의 존재하는 자기와 같은 것이라
그 존재가 거울 밖의 나처럼 스스로 존재하면
그것이 완성된 인간이라
거울 밖의 나는
근심걱정 수만 가지의 번뇌가 있지만
거울 안의 나는 그것이 없지 않은가
한 번밖에 없는 생을
한세상인 천지 일체가 되어
모두가 영생불사신으로
다시 나야 하지 않겠는가
인간의 진정한 가치와
인간의 진정한 인생관과 가치관이
인간 완성인 진리로 다시 나는 것이 아니겠는가
잘난 이만 세상 있어도 세상이 안 되듯
못난이의 말도 들어서 그렇게 되어보면
그것이 세상에서 가장 중요한 일인지도 모를 것이다
세상에서 가장 값진 일인지도 모를 것이다

교육은
인간 본성 회복의 교육부터

예로부터 이기일원론(理氣一元論)과 이기이원론(理氣二元論)은 본성에 관하여 학자들이 말한 것이다. 근본의 기가 하나다라고, 근본의 기가 또 둘이다라고 한 것은 한얼 속에서는 하나요, 한얼이 음양인 정과 신은 둘이나 또 하나라. 이 말은 서로가 다르나 하나이지만 둘이고 둘이지만 하나라. 이 존재가 인간의 본성 자체고 이 존재가 천지의 본래라.

기독교에서도 하나님을 아는 것이 지혜의 근본이다라고 했듯이 바로 본성 자체가 기독교에서는 하느님 하나님이라고 칭하고 하나님이란 본래는 하나밖에 없으니 하나에 님을 붙인 것이고 하나이지만 성부 성령이 존재하듯이 둘이지만 하나 자체라. 불교에서는 부처님이란 존재는 보신불과 법신불이 있다는 말의 뜻도 바로 둘이지만 하나이고 하나이지만 둘인 것이라. 모두가 창조주이시고 진리인 천지만물의 근원이고 주인인 이 자리를 이야기한 것이라. 인간 교육도 이 자체로 되돌아가는 것이 지식의 근본이고 지혜가 있어 지혜 자체이고 지식의 근본인 것이라.

우리나라 교육의 전인교육은 지덕체예라고 말하고 있으나 전인이라는 낱말의 뜻은 완전한 사람이고 완전하다는 것은 영원히 죽지 않는 존재가 완전한 것이라. 영원히 죽지 않는 존재는 진리이고 또 본성인 만물의 주인이고 근본 자체라. 이 자체가 되는 것이 전인이고 이 자체가 되기 위해서는 자기의 알음알이의 관념 관습으로부터 벗어나 원래의 완전한 존재의 마음과 몸으로 다시 나는 것이다.

지금의 교육은 세상살이를 잘할 수 있는, 잘살 수가 있는 대안의 교육만 하고 있으나 이것은 세상살이 교육이고 인간이 근본을 알고 근본심으로 살고 모두가 하나가 되고 나라와 세상의 고마움 알고 살고 마음이 한날한시같이 변하지 않는 서로를 신뢰하고 믿을 수 있고 또 잘 사는 삶 살려면, 모두가 본성 회복인 자기의 본성을 찾아 살면 마음이 하나이고 도둑과 범죄가 없을 것이고 남을 위해 사니 이것이 전인교육이라. 내 나라 너의 나라가 없고 모두가 하나가 되니 우리나라라. 인간은 삶 사는 것이 모두가 자기의 부귀 영화 권세를 위해 살지만 얻을 것도 가질 것도, 남는 것 또한 하나도 없어라.

모두가 인간성 회복인 본성을 찾아 삶 살면 근본심이 하나같아 그 마음에 변함이 없으니 꾀부리지 않고 열심히 살 것이다. 잘 산다는 기준은 그 마음에 있는 고로 그 마음이 본성 가져 허인 물질에 물들지 않으니, 다시 말하면 그 속 빠져 있지 않으니 그 마음에 부족함이 없이 살고 또 인과의 이치 아는 지혜 가져 자기가 노력한 만큼 결과가 있음 알아 노력하고 사니 모두가 경제적으로도 잘 살 것이다. 모두가 본성 회복하는 길만이 지혜가 있어 잘 살고 모두가 본성 회복하는 길만이 다리 펴고 살 수가 있고 인간이 근본이 되어야 사회생활도 잘하고 돈도 잘 벌 수가 있고 본성을 가져야 복도 있을 것이다.

본성이 없으면 허된 자기의 거짓의 마음 가진 자는 그 마음의 노예가 되어 살아 세상살이가 망념인 자기의 입장에 맞아야지 세상에 맞추어 살지를 못하니 마음속 부정적이고, 마음속 참이 없어 거짓으로 살아가니 세상살이가 힘이 들 것이다.

인간 본성 회복으로 인간이 이 세상 난 이유와 목적을 알아서 인간이 본성인 죽지 않는 세상이 되어 살면 몸인 나를 위한 부귀영화보다는 세상인 나의 마음속은 나보다는 사람들을 위해 살지 않겠는가. 그러면 지상의 천극락이 건설되지 않겠는가. 자기가 없고 모두가 자기가 되니 우리로 잘 살 수 있는 나라가 우리나라가 아니겠는가.

교육의 본목적은 전인교육인 본성 회복이 바탕이 되고 난 뒤 전문 지식교육이 필요치 않겠는가. 서로가 서로를 의심을 하고 서로가 서로를 미워하고 남을 밟고 자기가 출세하고 남의 것은 무조건

틀렸다고 하고 남을 죽이고 남의 것 훔치고 자기만 잘났다고 생각하고, 거짓의 위선이 판치는 세상에 모두가 인간성 회복인 교육을 하여 남을 위해 사는 삶의 의의와 진정한 의미를 알아 살면 신명나는 세상이 안 되겠는가.

현자(賢者)란

현자(賢者)란

현명한 사람이라

현명한 사람이란

자기를 볼 수가 있는 자라

자기를 본다는 것은

참 자기를 볼 수 있고

자기 속에 거짓인 자기가 있음

아는 자가 참 현자이다

현자란 참 자기를 아는 자이고

천지의 이치 아는 자이고

세상의 이치를 본래인

자기를 아니 다 안다

인간사

푸른 하늘
파란 산천의
옥수가 흐른다
수많은 인간의 한이
이 산천에도 있었을 것이다

누가 누구를 원망했고
누가 누구를 죽이고 살렸는지는
하늘만이 알고 있으나
하늘은 말이 없구나

인간사가 모두가
자유가 없는 가운데

가도 가도 끝이 없고
무엇 위해 살고
왜 살고 왜 있는지
이유를 알 수가 없는 가운데
인생만 덧없이 늙어만 가구나

끝없는 사막에 혼자 걸어가는 격이니
고독하고 외로운 길 가지만
길이 없이 가고만 있구나

자기 속에 진리가 있는 자는
진리가 나 속이라
천지가 나 속 있어 나가 주인이 되니
외롭고 고독함이 없고 갈 곳 올 곳 없이
그냥 모두가 나 자체인 것이라

사람들은 길 없는 사막에 바삐는 간다만은
결과는 바른 길이 없어 목적지가 없어
오아시스인 생명수를 만나지 못하여 죽고 말구나

땅에 난 자는 땅에 살고
하늘에 난 자는 하늘에 산다

새소리 동물 소리
바람 소리 만물의 소리
인간의 소리 모두가
하늘의 소리고
그 모양에서 그 소리가 난다

사람은 자기들의 말이 있고
사람은 그 지역의 표현의 말이 각기 다르다
인간이 만상이 하늘에서 와서 하늘에 살지만
하늘이 인간 마음에 없어 땅에 살구나
땅에 난 자는 땅에 살고
하늘에 난 자는 하늘에 산다

그 마음과 몸이
하늘의 마음 몸으로
다시 난 자는 하늘 살고
자기의 마음 몸을
그냥 가진 자는 땅에 산다
자기의 몸 마음을
다 버리고 자기가 없을 때
천지가 자기가 될 때
자기 속에 천지가 있어라
그 나라가 하늘나라이고
하늘 가진 자 하늘 살고
영생불멸의 나라라
살아 있는 진리의 영과 혼이라
영생불멸하구나

거듭남과 부활이란 또 천국이란

사람들은 생각하기를 거듭나고 부활하는 것은 이 몸 자체가 거듭나고 부활하는 줄 알고 있고 또 천국이라는 것은 어떤 하늘나라에 장소가 있는 줄 알고 있으나 모두가 자기의 관념의 환상일 따름인 것이라. 거듭난다는 뜻은 다시 나는 것이고 부활도 죽은 것이 살아나는 것이라. 사람의 의식이 망념의 자기의 관념 관습인 실이 아닌 허 자체라. 그 자체는 생명이 없고 그 자체는 없음인 허상 자체라. 그것은 자기가 배운 만큼 자기 속에 가진 것이고 그것은 자기의 산 삶의 경험 자체라. 그것은 진리가 아니기에 그것은 영생이 없고 그것은 생명이 없는 것이라.

생명이란 영원불변하는 진리 자체만이 생명 자체라.

생명이란 의식이 깨어 있고 그 의식이 살아 있을 때 생명이 있는 것이라. 거듭남과 부활이라는 것은 그 진리인 의식을 가졌을 때 거듭난 것이고 부활이 된 것이라. 그 살아 있는 진리의 의식은 이 우주의 만상이 나기 이전의 우주의 허공인 하늘이라. 이 자체는 영과 혼 자체라. 이 자체의 영혼으로 다시 난 것이 거듭난 것이고 부활한 것이라.

천국이라는 것도 진리의 나라이고 진리의 영과 혼으로 거듭난 자가 사는 나라이고 삼라만상의 일체가 그 나라에는 살아 있어 사는 나라가 천국이라.

천국이라는 것도 우주의 본래의 영혼의 나라에 삼라만상 자체가 그 영혼으로 거듭나서 개체 전체가 그냥 하나 자체라. 그 나라는 죽음이 없고 그 나라는 살아 있는 나라이고 그 나라는 삼라만상의 진리인 영혼이 사는 나라라. 그 나라는 우주의 영원히 사는 불사신의 나라라. 그 자체가 된 자만 살 수가 있는 나라라. 있고 없고가 하나이고 있음의 일체가 있음으로 사는 나라 자체라.

하늘 난 자는 하늘 산다는 뜻도 하늘 자체의 영혼 자체가 된 자가 개체인 자기 속에 영혼을 가져 사는 것이라. 일체는 산 것이고 진리인 나라에는 다 살아 있으나 인간의 망념에 다 죽어 있는 것이라. 거듭나는 것은 망념을 버리고 진리의 영과 혼으로 다시 나는 것이고 부활도 마찬가지라.

천국나라도 마음속인 정신 속에 있는 나라이고 그 나라는 사람과 천지의 창조주 자체와 몸과 마음이 하나가 된 나라라. 이 나라를 자기 속에 다 가진 자는 진리 자체이고 진리나라를 가져서 천국을 간 자라. 물질의 이 세상은 그 시한이 유한하나 정신의 본래의 나라는 시작 이전에도 있었고 지금도 영원 이후에도 있는 살아 있는 창조주의 나라라.

정신이란
살아 있는 창조주인 진리라

날이 맑고 밝으면
그 하늘만 있을 때
하늘이 잘 보이듯
마음이 맑고
빛인 신이 보일 때
진리인 마음의 세계가 잘 보인다
그 자체가 되었을 때
그 자체를 알 수가 있듯이
신이 된 자만 신을 알 수가 있고
신이 된 자만 신을 볼 수가 있고
신이 된 자만 신의 삶 산다
이 천지가 신의 나라이나
이 천지가 살아 있는 나라이나

신이 안 되어 살아 있지 못하니
신의 나라가 보이지도 볼 수가 없고
그 나라에 살 수가 없어라
정신이란 살아 있는 창조주인 진리라
영원 이전에도 있었고
영원 이후에도 있는
그냥 존재하는 살아 있는 존재라
이 신의 나라에
이 신으로 다시 난 자는 신 자체라
그 영과 혼이 하늘인 정신 자체라
하늘인 진리에 난 자는 그 나라에 산다
만상은 하나이나
그 하나의 정신 자체가 못 되어
개체의 만상 속에 마음 가지고 살구나

마귀가 가장 겁내는 것은

마귀란
자기 속에 가진
허의 수만 가지의 마음이라
그 마귀가 마음속 있다가
그때그때에 나타나는 것이라
나타나서 가진 마음에서
말하고 행하고 인간은 살아가는 것이라
가령 미운 이가 있다면
미운 마음이 나타나서
미운 마귀가 되고
가령 사랑하는 이가 있다면
사랑하는 마귀가 나타나서
사랑의 마귀가 되고

아는 척

인 척

그런 척

내숭 떠는 척

잘난 척

어진 척

착한 척

선한 척

못난 척

아닌 척

점잖은 척

예의 바른 척

겁내는 척

위엄을 주는 척

유식한 척

척의 모두가 마음이고

그 마음이 마귀라

그 마음인 척이 없으면 무척이라

무척 잘 산다는 말은

척인 마귀가 없으면

무척이면 실인 진리라

잘 살 수가 있다는 말이라
마귀가 가장 겁내는 것은
잘못했습니다 고맙습니다라
사람들은 자기가 잘못한 것이
없는 줄 알고 살아가고 있으나
이 세상에서 가장 잘못한 자는
마귀인 자기이고
진리로 볼 때 잘못이란
진리가 되지 못하는 것이라
잘못이다라는 말은
잘 모시다라는 뜻이라
진리를 마음속에 모셔야 하는데
모시지 않아 잘못인 것이라
잘못했다는 말은
잘 모시지 못해 잘못했다는 것이라
잘못했다는 말에는
진리의 나라인 진리만이 있어
마귀가 쫓기고 달아나는 법이라
하나님 마음만이
잘못했다고 할 수가 있는 것이라
자기가 맞다고 생각하면

맞다는 마귀가 살아 있는 것이고
잘못했다는 말에는
진리만이 있어 마귀가 죽는 법이라 ▩

참세상

인정이 있는 나는
누가 와도 마음이 변하지 않고
항시 정으로 대할 수가 있지
항시 그 마음 자체이지
마음 없이 세상 살 때에도
막걸리 한잔 사주며
항시 그 정이 있었고
한순간도 그 정 속서 떠나
미워하거나 싫은 적이 없으나
사람들은 자기의 이권에
바삐 삶을 살아가고 있어도
한 것이 없구나
남은 것도 이룬 것도 없고

한숨만 많아지고 번뇌만 많구나
세월이 지나 그 옛날의
그 마음마저도 어디론가 사라지고
더더욱 바쁘기만 바쁘나
자기 만든 감옥 속에서 틀만 좁아지고
자기중심의 틀만 단단한 것만큼
그 마음도 협소해졌구나
있음의 수만 가지를 가지지도 못하고
그 마음만 나이 따라 공허함만 안고 있구나
이 세상에 살면서도
세상의 이치를 제대로 하나도 알지 못하고
죽은 시선에 죽은 귀에 망념이 들어 눈만 껌벅이구나
갈 곳도 없으나 저만 위해 산다고
산 삶 모두가 허망함 자체이고
그래도 그 삶 속에서 꿈을 못 깨는 것은
꿈속이라 꿈인 줄 모르는 모양이구나
저 세상에 살다가 와서 꿈인 인간사에
되돌아와 보니 모두가 꿈이나
그 꿈속에서는 꿈인 줄 모르고 그냥 꿈꾸고 있고
새 세상 이야기를 하여도
안 가본 새 세상을 알 리가 없고

들리지가 않고 미친 망념의 소리만 하는구나
철이 와도 철모르는 사람들이구나
이 세상은 모두가 끝이 나고
자유의 참의 세상인 죽지 않는 나라는
나가 가지고 있고 그 나라에 나가 주인이니
모두 가서 살자고 하나
철부지 인간은 나의 말은 듣지도 않구나
그 옛날의 정에 나는 쉼 없이 이야기를 하나
내 말을 듣는 자가 세상에 없구나
그 옛날의 그 마음만 가지고 나를 보고 내 말을 들으니
새 세상의 새 세상과 그 삶이 자기 속에 없어
또 가보지 않아 이해를 못하누나
가자 가자 고통 짐과 자유가 없고
근심걱정인 이 세상을 버리고
살기 좋은 새 세상에 우리 모두가 가자
나는 본시 잘난 것도 아니고
못난 것도 아닌 사람이나
평범한 가운데 비범하고 완전한
참의 세상이 나의 성품과 맞아
그 나라가 나의 나라임을
모르는 것이 당연하나

못생긴 나를 보지 말고
진리이고 살아 있는 존재인
영원불사신이 보이지 않으나
나의 성품인 나의 지혜인 그 자체이니
진리가 되어보고 새 나라에 가봐야
알 수가 있는 것이라
그리움도 정도 미움도 한숨도 원망도
이루려 하는 것도 모두 놓고
나와 함께 가자
나와 함께 진리의 나라 가자
그 고뇌의 삶의 연속은 그 삶이니 고뇌라
가자 가자 어서 가자
살아 있는 완전한 나라 가자
있음이 있음으로 영원히 사는 나라는
마음이 나를 닮은 자가 가지는 나라라
나의 마음으로 다시 난 자가 가지는 나라라
그 몸과 마음이 마음이라
마음속에 영과 혼이 있고
그 영혼으로 난 자만 산다
정 그리워 우는 자여
사랑에 우는 자여

복 없어 우는 자여
살고 싶어 우는 자여
원한에 우는 자여
세상 싫어 우는 자여
종교에 우는 자여
근심걱정에 우는 자여
못 가져 또 가져 우는 자여
이것저것이 없어 우는 자여
못 이루어 우는 자여
자기의 꿈을 또 뜻을 못 이루어 우는 자여
이것저것의 이치 몰라서 우는 자여
알고 싶은 자여
깨닫고 완전해지고 살아 영생천국 가고 싶은 자여
모두가 새 몸과 마음으로 다시 나서
새 나라에 살고 세상이 되어 살면은
모든 것을 알 수가 있고
다 이룰 수가 있을 것이니
못난 내 말도 맞을 수가 있는 법이라

실의 나라

어두운 밤에 바람 소리에
무슨 소리가 들리니
그것이 누군가가 온 것 같구나
날 찾아 올 자도 없고
날 찾는 이도 없는 이 밤에
행여나 밖을 보니 역시 그러하구나
베개를 베고 천장을 쳐다보고
수많은 청기와의 집을 짓고
부귀영화의 꿈을 꾸다가
또 환상의 세계를 그리다가
아침이면 모두가 현실과는 거리가 먼
이야기이고 물거품이라
부족에서 이루려고 하고

부족에서 찾으려고 하고
배고픈 자가 먹을 것을 찾고
추운 자가 옷을 찾듯
가난하던 시절에는 부자를 꿈을 꾸고
권력이 없으면 권력을 찾으나
모두가 허망한 하나의 꿈이라
이루고 못 이루어도 그것이 그것이나
실의 나라는 다 가지고 다 이루는 것이라

추억

해는 져서 서산에 넘어가고
초생달이 떴구나
들녘의 개구리 소리만이
영악하게 울구나
힘들게 낮에 일하고
모두가 자기의 집 찾아 저녁을 먹고
지쳐서 잠자구나
어른은 어른대로 모여서
농사 이야기 하기도 하고
젊은이는 젊은이대로 모여 있구나
동갑내기와 친구끼리 모여 있구나
남몰래 숨어서 처녀 총각이 만나는 일도 있구나
세월이 지나서 그곳에 가보니

그런 사람이 없고
모두가 떠나가고
장소도 변해 있어라
철없는 동리의 개만 짖어대고
아는 이를 보아도
그때의 그 인심이 없고
사람만 늙어 있고
낯 모르는 아래 세대만
객인 나를 보누나
추억이 나 속에 남아 있으나
그것이 부질없는 허상이구나
인간은 추억을 먹고 살고
지나간 추억을 가진 만큼 자기가 되어
먹어 놓은 그 마음에 지금 살구나

내 마음속에 있는 살아 있는 나라

마음이 맑지도 않고

마음이 크지도 않아

마음속에 있는 것 못 본다

맑지 않고 크지도 않는 마음으로

자기의 먹어 놓은 마음으로

세상을 보고 판단하구나

그것은 바른 마음이 판단하는 것이 아닌

자기의 관점이라

그것은 자기의 중심적인 자기의 마음이라

자기의 판단이고 경험한 것이라

그 마음이 맑지도 크지도 않게 하여

자기의 모양만한 마음만 남아라

그 마음이 없고 원래 마음만 있으면

그것이 되어 있어야
마음속 있는 것 잘 보인다
그 마음이 되어보면
본마음은 아무것도 없으나
그 속에는 한 신이 있어라
없으나 그 신이 있어
천지의 만물이 없는 것이 몸이고
그 마음인 신을 가지고 있어
몸 마음으로 그 자체가 나타나서 있는 것이라
형체의 일체는 마음속의 영과 혼의 표상 자체라
있음이 없음이고 없음이 있음이라
모두가 하나인 살아 있는 영과 혼 자체라
이 창조주가 천지를 낼 때 또 만물을 낼 때
모두가 살아 있는 영과 혼으로 내었으나
자기의 관념과 관습 속에
마음이 맑지도 크지도 않아 죽어 있어라
원래인 그 마음으로 다시 나지 않고는
사람은 살 수가 없구나
맑고 큰 마음에서 천지를 보니
천지가 살아 있고 천지가 나 속에 있구나
나 속에 있으니 이치를 알겠구나 다 알겠구나

3장 인간의 완성

신이란 진리가 신이라.
인간의 완성은 자기가 신이 되는 것이라.
- 본문 중에서

이야기와 실 삶

옛날의 이야기는
말 그대로 이야기인
하나의 허상 자체지
수많은 이야기가 전하고
또 말하고 있으나
그냥 이야기일 뿐이지
이야기란 사람의 마음이 만든 실인 듯하나
실이 아닌 하나의 마음이 만든 것이지
수많은 이야기가 모두가 허상이고
수많은 이야기가 모두가 의미가 없고
실이 아니라 쓸모가 없는 것이지
그 옛날의 이야기란
지금도 이야기이고

앞으로도 이야기일 뿐이지
이야기와 실제의 있는 것은 서로가 다르지
이야기는 이야기로 그칠 뿐이고
실제 사는 것은 실제이듯
실제로 있는 일체는 그냥 있고
사는 이치 아는 자는
이야기와 실 삶을 아는 자지
아는 것이란 실이 되어 있는
참인 자가 아는 자이고
참인 자란 이야기가 허상임을 알고
이야기의 꿈 깬 자이지
인간도 만든 이야기에
환상에 사는 자들은
모두가 꿈을 깨어
참인 세상에 나와서
살아야 하지 않겠는가
참세상에는 망상의 이야기가 없고
참세상에는 모두가 그 삶 자체를 그냥 살구나
인간의 원과 한도 없고
밉고 곱고 좋고 나쁘고가 없는 세상이
헛이야기와 헛소리와 헛꿈이 없는 세상이라

인간이 밝은 세상 사는 자는
밝은 세상이 되어 있어
세상과 하나로 살아가고 있기에
그냥 보고 그냥 사는 삶 산다
천지가 된 자는 천지 가지고 천지 속에
순리의 삶 살고 그 마음이 없고
바람 물처럼 삶을 살아가고 있구나
자연이 되어 자연의 삶을 사는 자만이
이야기의 정체를 모두 알구나

고운 마음

마음이 고와야지
마음이 혼탁하면
고운 것이 아닌 거친 것이지
이것저것이 뒤섞인 것이지
거친 것이란 부딪힘이 많은 것이지
부딪힘이 많은 것이란
인생사가 힘이 드는 것이지
행복도 부귀도 영화도
마음이 고와야 있는 법이지
거친 자는 불행뿐이지
마음이 혼탁한 자는
좋고 나쁘고의 기복이 많지만
마음이 고운 자는 기복이 없지

어떤 것이든지 그 마음에 담기지

고운 자는 맑은 자이고

고운 자 바다같이 그 마음이 넓은 자이고

고운 자는 일체를 수용하는 자라

고운 자는 진리의 마음만 참으로 고운 마음이지

그 마음이 있어 있다

사람을 원망하리
세상을 원망하리
조상과 부모 처자를 원망하리
모두는 그냥 있고 그냥 사나
내 마음이 세상이 되지 않아
수많은 것이 내 마음 있어
원망만 남아라 원망만 있어라
나 마음에 세상이 맞지 않아서라
원망이란 것은
내 마음에 원망이 있어이고
내 마음의 꼴대로 맞지가 않으니
원망이 있어라
그 마음에 원망이 없으면

원망이 없어라
그 마음에 본래인
참마음이 된 자만이
일체의 마음이 없고
자연의 순리의 삶 살아가고
순리로 삶 산다
모두가 나의 마음에 있는 것이라

어두움 밝음

날이 새면 너는 무엇을 할 것인가
날이 밝으면 너는 무슨 일 할 것인가
날 밝기를 겁내는 자는
그 마음이 어두워서라
어두운 자는 밝은 날이 싫고
어두움을 좋아하여라
마음에 밝음이 없고 어두우면
밝은 마음 되기가 힘들고
또 어둠 가려 밝지 않으려 하구나
밝은 날이라야 바로 일할 수 있다
밝은 마음이라야 바로 살고 바른 일 한다

사람이 귀신

사람아 사람아
모양은 사람 같으나
그 모양 안에 참이 없어
귀신 행동 하구나
귀신과 사는 사람은
귀신인 줄 모르고 사나
귀신이 아닌 사람은
귀신을 볼 수가 있지
마음이 참이 아닌 수많은 귀신인
망념을 넣고 살아가니
귀신의 그 마음이 자기가 되어 살아가고 있구나
이럴 때 이 귀신 저럴 때 저 귀신이
나타나서 살구나

모양은 사람 같으나 그 사람이 귀신이구나
성내면 성냄의 귀신이고
원망 사랑 질투 원수가 있으면 그 귀신이고
웃으면 웃음의 귀신이고
그 마음이 귀신이라 그러하구나
없는 것 그 마음 담아
바름이 아닌 귀신의 생활하고 살구나
바름이란 진리의 참마음 가진 자가 바른 자이고
그 마음으로 사는 자가 바른 자이고 산 자라
귀신은 죽은 자의 환이고
바른 자는 산 자의 참이라

전인교육이란

우리는 교육의 목표를 전인교육이라고 말을 한다. 전인(全人)을 지덕체예(智德體禮)라고 말을 하고 중국에서는 지인용(智仁勇)이라고 해왔다. 사람이 지성적이어야 하고 덕성적이어야 하고 용기가 있어야 전인이라고 말을 하나 말로만 되뇐다고 전인이 되는 것은 아니다.

전인이란 완전한 사람이고 전인이란 부족함이 없는 사람이고 전인이란 진리 자체가 되어서 지혜로 참을 다 알아야 한다. 전인이란 사랑이고 대자대비하여 자연심 된 순리 자체의 삶을 살아야 하고 전인이란 다 이룬 자여서 영원불멸의 신이 되지 않고는 전인이 될 수가 없다. 종교 사상 철학에서도 이 완전한 존재가 되기 위하여 수많은 이가 오랜 세월 속에 애써 왔으나 그 존재가 되지 못하는 것은, 그 존재의 실체를 모르고 또 그 존재가 되는 방법이 없어서다. 지금의 교육은 먹고사는 방편의 학문이 대부분이고 종교 사상 철학이 설령 학문으로 있어도 단지 그 자체를 자기 마음에 새길 뿐이고 진리인 완전의 존재는 되지 못하는 것은 그 마음에 집어넣는 것으로는 그 존재가 나타나지 않기 때문이다. 또 볼 수도 없고 될 수도 없는 법이라. 자기라는 관념 관습으로부터 완전히 벗어나 영원불멸의 우주 자체인 진리 존재로 다시 나야 참 전인이 될 수가 있는 것이라.

우리가 흔히 원수를 사랑해라, 자비를 베풀어라, 덕을 쌓아라 말로 하고 그것을 따르는 척하지만 진실로 그 마음이 그렇게 할 이가 세상에는 없다. 원수를 사랑할 수 있는 것은 진리인 신만이 할 수가 있고 참 대자대비 덕도 진리인 신만이 할 수가 있는 것이라.

우리나라 말에 마음먹은 대로 된다는 말이 있다. 이 말은 돈을 잘 벌어야겠다고 마음먹으면 돈이 잘 벌리는 것을 말하는 것이 아니다. 사람마다 자기 속에 먹어 놓은 마음이 다 다르듯 어릴 때부터 컴퓨터를 치고 컴퓨터공학과를 나오면 마음속에 컴퓨터를 가지고 있어, 형체가 없는 마음속에 먹어 놓았으니 컴퓨터를 하고 살 것이다. 만일에 법률을 먹어 놓았으면 법률로 살 것이고, 사람의 병을 치료하는 의술을 먹어 놓았으면 의술로 살 것이다. 수많은 이가 그 마음에 먹어 놓은 마음만큼만 이 세상 산다. 더도 덜도 아닌 그만큼만 사는 것이다.

사람들은 모든 일을 남의 탓으로 돌리나 지금 사는 모양의 모든 것은 자기 탓이라. 우리말에 잘못되면 조상 탓이요, 잘되면 자기

덕이라는 말이 있다. 우리는 모든 것이 자기 탓임을 모르고 사는 것 같다. 전인이 되어 갑갑한 이 세상에 사는 삶에 무겁고 고통 짐을 지고 살지 말고 완성되어 참으로 살면 자유고 해탈이고 대지혜 가져 지혜가 있어 잘 살 수가 있을 것이다. 모두가 전인이 되면 종교 사상 철학 교육이 하나가 되고 모두가 전인이 되면 지상천국락이 건설되어 살기가 좋은 세상이 될 것이다. 전인은 진리인 신인 존재로 사람이 화하지 않고는 되지 않는 것이다.

진리 존재란 이 우주에서 우주 이전 우주의 순수허공이라. 이 존재는 영원 영원 이전에도 있었고 영원 이후에도 있는, 시작도 끝도 없는 존재이고 이 존재는 그냥 그대로 존재하는 존재이고 스스로 존재하는 존재이고 살아 있는 존재이라. 창조주 자체이고 각 종교에서 믿는 그 자체의 존재라. 우리의 정신이 그 자체의 정신으로 거듭나지 않고는 전인이 될 수가 없는 것이라. 사람이 아는 것은 자기가 산 삶에서 경험한 것밖에 알지 못한다. 그 자체의 그림자를 잡고 살기에 무거운 짐 지고 사는 것이라.

이 우주 무한대의 창조주이신 진리가 되기 위해서는 우주 빼기 자기 빼기 우주 빼기를 하면 영원불멸하신 창조주만 남는다. 이 우주에서 나의 마음과 몸을 빼고 망상의 우주마저 없애면 신의 참 모습을 볼 수가 있고 될 수가 있다는 말이다. 이것이 마음수련 방법이고 전인이 되는 방법이다. 그림자를 잡고 사는 고통의 삶을 그 그림자를 지우면 참인 진리가 되어 살아서 천극락 사는 것이

라. 이렇게 되어야 전인이 되는 것이다.

이 공부를 시키다가 보면 사람이 수많은 마음을 어릴 때부터 먹기만 먹고 버리지는 않아 그 마음이 온몸의 세포까지 무겁게 하니 기혈이 통하지 않아 수만 가지의 병이 있는 것을 보게 된다. 이 그림자의 마음을 버리니 수많은 사람들이 병이 자연히 낫는 것을 많이 본다. 또 사람들이 자기가 생긴 얼굴에서 망념의 마음이 없어지니 편안해지고 가장 아름다워지고 밝아지는 것을 경험하게 된다. 전신이 우주의 영혼 자체이어야 전인이고 자기가 영원불멸의 우주 자체임을 그 마음이 깨쳤을 때 완전한 전인인 것이라. 마음수련회는 이것이 실현되기에 수많은 이가 공부하고 있는 것이고 어느 곳이나 발길이 이어지고 있는 것이다.

이 몸이 완전한 진리심으로 나야 한다

구름이 자고 있구나

구름이 말없이 자고 있구나

나는 구름이구나 나 아닌 것이 없구나

미국의 하늘은 맑고 맑구나

한국의 하늘은 공해로 찌들고

한국의 하늘은 중국에서 불어온 황사로

하늘이 어두운데

미국의 하늘은 푸르다 못하여 검구나

내 마음이 하늘이 되어보니

검고 푸른 것이 아닌

일체가 없는 공한 빈 하늘 가운데 일신이 있구나

그 신은 그냥 존재하고

바람 구름 만상 이전의 자리구나

그 만상도 그 자체구나

물질 비물질이 그냥 하나이구나

사람은 물질만 알고

비물질적 실체가 물질임을 모르누나

있되 비물질적 실체요

없되 물질이 있고

또 없되 비물질적 실체가 있어라

사람은 그 존재를 모르는 것이

그 존재를 마음속에 모시지 못해서라

천하에 그 존재가 주인이고 그 존재가

만상의 근원임을 아는 자가 없구나

나는 그 존재가 되어 그 존재의 나라에 일하며

지혜로워 살구나

자기의 복을 지어야 되는 것이라

나는 복 지은 것 많으나

사람은 그 복이 없구나

다 깨친다는 것은

빈 하늘의 일신과 하나가 되어 다시 나는 것이라

그 자체가 완전히 하나가 되는 것은

그 자체의 혼이 이마에 나서 혼줄이 나야 하고

나가 일체 없어 빈 하늘의 일신 자체가 나 자체라

전신 혼이 나고 전신의 광명이 나야 하고
이 자체의 나가 완전한 존재 자체가 되었구나를
깨쳐야 하는 것이라
일체의 아는 것도 없고
그냥 사나 나가 만고의 진리라
부족함이 없고
지혜의 신 자체라
하늘의 일 하고 살구나

세상에서
가장 크고 넓고
낮고 높은 것

세상에는 수만 가지의 것이 있고 모든 것은 사람의 눈에 보이나 사람이 보고도 모르는 것이 있다. 사람이 보고도 모르는 것은 우주의 원래의 모습인 우주를 창조한 창조주의 모습이다. 사람은 이 존재를 그냥 허공이다라고 하고 또 이 존재를 하늘이다라고도 한다. 사람은 자기중심의 자기만한 마음이 있어 창조주의 실체를 아는 이가 없다. 이 존재를 알고 된 자가 완성된 자인데 자기중심의 마음 때문에 사람은 창조주 따로 만상만물 따로 자기 따로로 되어 있어 자기가 가진 망념의 하늘 안에 자기가 살고 있는 것이다.

수많은 종류의 형상이 이 하늘에서 모두 창조되었다는 것은 누구나 다 아는 사실이라. 우주의 별도 무한대의 하늘 속에서 나왔고 태양 달 지구도 마찬가지고 지구의 만상도 그러하고 지구의 사람도 그러하다. 우리나라 말에 신령스럽다는 말이 있다. 하늘은 신과 영으로 되어 있어 모든 것을 다 나타낼 수가 있는 신령스러

움을 가진 것이라. 조화에 의하여 만상은 나고 그 조화란 만상이 나타난 조건인 것이다.

조건이란 그 물질이 나타날 수가 있는 여건인 원인인 것이다. 나타난 일체는 그 자체가 하늘의 신령의 표상인 것이라. 이 거대한 하늘은 거대한 영혼 자체로 되어 있다. 만상은 그 모양이 달라도 모두가 이 거대한 영혼의 표상이다. 그 형체가 영이고 그 속에 마음인 정신이 바로 혼인 것이라.

이 지구의 만상은 천지의 조화인 조건이 되어 나타났고 나타난 일체는 그냥 거대한 영혼이어야 하는데 사람만이 자기중심의 마음으로 인하여 거대한 영혼과 거리가 먼 것이라. 이 거대한 영과 혼이 영생불멸의 진리이라. 영원 이전에도 있었고 영원 이후에도 있는 살아 있는 존재이나 사람이 못 보는 것은 또 안 되는 것은 그 마음에 망념으로 자기 모양만한 마음만 가져 그 마음에 참 영혼인 하늘이 없어서라. 그 마음이 무한대의 하늘이 되지 못해서이고 마음이 참 진리인 영혼으로 나지 못해서라. 이것이 망념의 무덤에 갇혀 죽은 것이라.

그 망념은 실이 아닌 허라. 그 허가 자기 속에서 시키는 대로 살아가니 허상의 삶 살고 허상의 삶 살아도 그 속에 있는 자는 허상인지를 모르고 산다. 허상인 꿈속에서 꿈이 꿈인 줄 모르다가 꿈을 깨고 보면 그 꿈이 허인 줄 알듯이, 나의 의식인 마음이 자기가 산 삶의 경험만 가지고 그것만 가진 자는 그것이 참인 줄 알고 살고 그것이 전부인 줄 알고 무덤 속에서 사는 것이라.

세상에서 가장 크고 넓고 낮고 높은 무한대 창조주의 진리의 살아 있는 존재가 되어보면 그 지옥에 갇혀 죽어 있는 사실을 아니 꿈을 깬 자라. 해탈이란 말도 자기의 관념 관습인 허상인 자기로부터 벗어나 실인 무한대의 하늘 자체 되어 그 하늘의 자식으로 다시 나면 망념의 나가 없으니 그것이 해탈이고 그것이 자유라. 걸림도 막힘도 없고 생사가 없는 그냥 존재하는 존재라. 무한대의 이 하늘에 영원히 없애도 없어지지 않는 존재에 내가 귀의하여 망념의 나가 죽고 진리의 존재로 다시 나는 것이 마음공부라.

자기의 망념된 마음을 버리고 몸인 자기를 없애고 우주마저 버리면 남는 것이 바로 진리 존재이고 이 존재 자체에 나를 다 버리면 바로 그 존재만 남는 것이라. 나의 더러운 마음이 있어 닦을 것이 있고 이 더러운 마음이 바로 죄인 것이라. 자기의 죄를 다 사한 자만이 창조주와 하나가 될 수가 있는 것이라.

죄는 오로지 진리와 하나가 되지 않는 죄만이 죄인 것이라. 무한대 하늘인 창조주와 하나가 되기 위하여서는 자기라는 집착된 마음을 버리는 것이라. 헤아릴 수 없는 자기중심의 마음을 버려 무한대 하늘 그 자체가 되어 다시 나는 것이 마음공부다.

모두가 거짓인 자기로부터 벗어나 완성된 진리로 다시 나 하나가 이 땅에서 이루어져 이 땅에서 하늘에 복 쌓은 것을 가지고 이 땅 이곳에서 영원히 진리로 사는 이치를 아는 자만이 모르는 자가 안타까울 뿐이다. 이 세상 사는 것도 자기의 마음을 먹은 만큼 살고 자기의 마음속에 진리를 먹은 자는 진리로 살고 진리나라의 복 쌓은 그 복으로 영원히 살 것이다.

신의 뜻

신의 뜻은 일체가 끊어진 없는 마음이다
신은 살아 있어 천인지 일체를
살리는 것이 신의 뜻이다
신의 완성은 있음의 일체를 신이 되게 하여
신의 나라에 빛과 에너지로
영원히 살리는 것이 신의 뜻이다
신의 나라 주인은
유정인 신인 사람이 주인인 것이다
유정의 삶은 모두가 사람이 있어 있고
사람이 없으면 아무런 뜻과 의미가 없는 것이라

신 된 사람이 주인이고
신 된 사람 뜻에 천국인

신의 나라가 건설되는 것이라

사람이 자기가 신 된 자는

신의 나라에 자기의 복을 쌓아

자기 것으로 영원히 사는 것이다

인간의 뜻에 천인지가 살고

인간의 뜻에 새 천지를 창조하니

신과 사람을 둘로 보는 것은 인간의 마음이고

신과 인간은 하나인 완성 자체라

창조주란
살아 있는 존재이고
그냥 그대로 존재하는 존재

창조주란 존재는 천지만물을 탄생시키고 또 천지만물의 주인이라. 이 존재가 살아 있는 우주의 대 영과 혼 자체라. 이 존재는 전지전능한 존재라. 전능은 영의 몫이요, 전지는 혼의 몫이라. 이 존재는 영원 영원 영원 이전에도 있었고 영원 영원 이후에도 있는 살아 있는 존재이고 그냥 그대로 존재하는 존재라. 이 존재는 죽음이 없고 이 존재는 우주의 만상의 어버이이시고 우주만상의 주인이시라. 만물만상은 이 존재의 표상이고 이 존재의 있음이라. 만물만상을 다 나투어 전능한 것이고 전체가 하나이고 살아 있음을 알아 전지라.

이 존재를 도라고 이름하고 이 존재를 신이라 이름하고 이 존재를 한얼님이라 이름하고 이 존재를 하나님 하느님이라 이름하고 이 존재를 부처님이라 이름하고 이 존재를 알라라 이름하고 이 존재를 본성이라 이름하고 이 존재를 참마음이라 이름하고 이 존재를 본래라 이름하고 이 존재를 본래 마음이라 이름하고 이 존재를 진리라 이름하고 이 존재를 창조주라 이름하고 이 존재를 신명이라 이름하고 이 존재를 정신이라 이름하고 이 존재를 보신 법신이라 이름하고 이 존재를 영과 혼이라 이름하고 이 존재를 성령 성부라 이름하고 이 존재를 우주의 몸과 마음이라 이름하고 이 존재를 진공묘유라 이름한다.

이 존재는 대우주 이전의 우주다. 이 존재는 일체가 아무것도 없는 존재가 영이고 없는 가운데 있는 존재가 혼의 존재다. 이 우주의 만상 일체는 그 영과 혼 자체와 하나이고 모두가 살아 있으나 인간이 자기의 망념 속 갇히어 죽어 있다. 이 자체는 살아 있어 이 우주의 사는 일체는 정과 신의 뜻에 산다. 사람도 이 존재 자체로 되돌아가야 인간 완성이 될 것이고 영생과 천극락이 있을 것이다.

창조주와 만상만물은 하나이고 또 창조주의 자식이다. 그 자체는 하나 자체이고 그 자체는 살아 있어 이 천지는 이미 깨쳐 있고 하나님 나라는 이미 다 구원이 되어 있으나 이 존재와 하나가 되지 못하여 인간은 고통 짐을 지고 살고 죽어 있어라. 사람도 이 몸은 음식을 먹어 그 에너지로 살고 있지만 진정한 삶은 진리인 창조주의 에너지와 빛 자체로 화하지 않고는 영생도 없고 천국도 없는 것이다.

천지가 살아 있듯이 사람의 마음을 진리 되게 하여 진리 된 그 마음이 살아야 인간도 영원히 살 수가 있다. 이 창조주의 존재는 진리라 죽음이 없고 영생불사의 존재라. 이 존재의 자식으로 거듭나지 않고는 살 자가 세상에 없다.

모든 종교의 궁극적인 목적은 영생천극락이고 그것의 실현은 사람이 자기를 다 바쳐 이 존재와 하나 됨이다. 이 존재의 나라는 죽음이 없고 이 존재만 사는 나라라. 인간이 회개 참회 하여 거듭남이 모든 종교가 완성되는 것이고 인간이 주인이 되는 시대다. 본래 창조주가 천지만물을 창조했듯이 천지만물을 살리는 것도 창조주의 몫인 것이다. 창조주의 은혜로만이 천지만물이 살 것이고 사람이 살 것이다.

이 지구에는 태양 하나로
곳에 따라 한 계절이지만
봄 여름 가을 겨울이 있고
추운 곳이 있으면 더운 곳이 있고
온도가 맞아 항시 살기가 좋은 곳도 있다
사람은 세상 나서 살면서
모두가 자기가 가진 마음에
세상의 일을 탓하며 또 원망하며 사나
세상이 된 자는 감사하며 산다

이것이 있는 것도

저것이 있는 것도
모두가 세상이 있어 있으니
그 세상의 오묘함과
있음의 존귀함의 근원으로 되돌아가서
그 존재의 가치에 감사함과
이치에 감사함이 나와 하나이나
일체는 스스로 존재된 것이라

마음이란

만상의 형체가 마음이라. 만상은 그 형체대로 산다. 인류는 오랜 세월 전부터 이 마음을 연구하고 마음의 정체를 이야기했으나 그 마음의 바른 뜻을 말한 곳도 그 마음의 정의도, 비워야 하는 마음이 무엇인지도 알지를 못하였다.

성경에도 마음이 가난한 자는 복이 있나니 천국이 저희 것이다 라고 되어 있다. 마음을 비우라 또 마음을 닦으라는 말은 있어도 그 닦을 마음이 무엇인지 알지를 못했다. 그 마음의 존재를 아는 이도 그 마음의 형체와 무엇이 마음인지 아는 이가 없었다.

본래의 마음이란 무한대의 우주 이전 우주인 진리인 에너지와 빛이라. 그 자체는 영원 영원 이전에도 있었고 영원 영원 이후에도 존재하는 영원불사신 자체라. 천지의 만상은 이 존재의 표상인 것이라. 천지의 만상은 이 존재 자체인 것이라. 천지의 이것들의 본래가 하늘 이전 하늘이고 우주 이전 우주인 창조주인 우주의 대

영혼 자체가 만상의 어버이고 우리의 본래이고 또 우리의 본래 마음인 것이라. 이 존재는 항시 살아 있고 이 존재는 빛과 에너지인 진리 자체라 죽음이 없고 전지전능한 존재라.

우리의 본래 마음을 찾으려는 이유와 목적도 영원히 살기 위해서이고 죽지 않는 천극락에 살기 위하여서다. 이 세상의 모든 것이 다 없어져도 이 존재는 그냥 그대로 영원히 살아 있는 본래의 이 대우주의 근원인 빛과 에너지 자체다. 이 대우주의 빛과 에너지로 다시 난 자는 살 수가 있는 것이라.

사람은 살아서는 이 몸 자체가 밥을 먹어 밥의 에너지로 살지만, 살아서 대우주의 영혼 자체인 에너지 빛 자체로 난 자는 죽어도 죽지 않는 것이라. 사람도 마음 닦아 이 참마음으로 다시 나면 죽음이 없는 것이라.

사람의 마음이란 사람의 형상 따라 그 마음이 서로 다르다. 그 형상은 부모의 모양을 닮아 태어남과 동시에 모양 따라 그 마음이 다른 것이라. 사람은 진리와 하나이지 않아서 죄인인 것이라. 부모의 죄인 업으로부터 태어나서 원죄가 있는 것이라.

사람이 가진 것은 마음과 몸인 것이라. 그 마음이란 존재는 원죄인 그 모양의 마음으로 살아오면서 자기중심적인 마음을 담아 자기가 살아왔던 산 삶에 있었던 추억의 허상의 그림자를 마음속에 담아 그것이 허인 자기가 된 것이다. 그 집착의 망념이 시키는 대로 자기라고 믿고 살아가는 것이라.

그 마음속에 먹어 놓은 마음만큼 사람은 이 세상에 살면서 더도 덜도 아닌 그만큼만 사는 것이라. 먹어 놓은 마음이 의술을 먹어 놓았으면 그 기술로 먹고살고 법을 먹어 놓았으면 법 계통의 일을 하며 살 것이다. 살면서 이런 것 저런 것의 마음을 먹기만 먹어 놓고 버리지를 않아 그 많은 마음의 노예가 되어 번뇌망상과 무거운 고통 짐 지고 인간은 사는 것이라. 마음이 하나이지 않고 수십만 가지라 시키는 것이 달라 조석으로 인간의 마음은 바뀌는 것이라. 거짓의 마음을 닦고 참마음을 찾으려면 자기가 가진 허상의 산 삶과 허상의 마음을 담은 허상의 몸을 버리고 그리고 허상의 우주마저 버리면 참마음만 남는 것이라.

참마음이 진리이고 대 영과 혼이고 또 진리의 몸 마음이고 이 영혼으로 다시 나야 죽음이 없고 바로 살고 이 땅 이곳이 영생천극락이 되어야 죽어도 그 천극락에 살 수가 있는 것이라. 버리라는 마음은 자기의 집착인 허상인 마음을 버리고 허상인 그 마음을 담은 몸을 없애고 허상 속의 우주마저 없애면 참인 진리의 마음만 남아 그 마음으로 다시 나는 것이 바로 마음수련이다. 마음수련은 너의 잘못이 아닌 나의 탓이므로 잘못한 나를 죽이고 버리는 공부라. 처음부터 끝까지 자기를 버려 자기가 없어 참마음인 진리의 존재로 다시 나는 것이다.

참 되면

참 되면 자기의 마음이 없고
참인 진리의 본래 마음으로
모두가 되돌아갈 때
이 세상은 하나가 될 것이다
모두가 하나인 마음이라 변하지도 않고
지혜 자체라 한마음으로 살고
너 나가 없을 것이다
너의 나라 나의 나라가 없을 것이고
너의 종교 나의 종교가 없을 것이다
모두가 살아 천국에 가고
모두가 천국의 삶 살 것이다
일체의 일을 순리대로 할 것이고
일체의 일을 참 행으로 하여

완전한 대안이 있어
그 대안에 살 것이다
인간이 모두가 완성이 되어
하나인 마음으로 남을 위해 살 것이다

복(福)

사람들은 흔히들 말하길 복이 없다는 자기의 신세타령을 한다. 나는 부모와 처 남편의 자식의 또 돈의 복이 없다고들 한다. 나는 참으로 복이 없어라고 신세를 타령한다. 수많은 사람이 많고 많은 사연 속에 살아간다. 복(福)이란 하나〔一〕를 말〔口〕하는 곳〔田〕을 보는〔示〕 것이 복의 뜻이다. 이 말은 다시 말하면 하나인 진리를 말하는 곳을 보는 것이라는 뜻일 것이다.

사람은 자기가 가진 마음만큼 말하고 행하고 살기에 자기 속에 그 마음에 복이 있는 자라야 복이 있을 것이다. 마음에 복이 없는 자가 남이 가진 복을 부러워하기만 한다. 사람의 복은 그 마음에 가진 그릇만큼 세상에서 살 것이고 세상에서 가질 것이다. 그 복이 없는 자는 없이 산다.

지금 내가 말하고 행하는 것은 내 속에 든 마음에 의해서 움직이기에 또 행하기에 그 마음에 그 복이 없는 자는 그 자체를 수용을 못하고 배척하기에 복이 없는 것이라. 돈을 벌어야 되겠다고 생각만 하고 말만 한다고 벌리는 것이 아니고 자기의 마음속에 그릇이 된 만큼 움직이고 행하니 그만큼 벌릴 것이다. 나를 움직이고 행하게 하는 것은 마음이라 사람은 더도 덜도 아닌 그만큼만 살 것이라. 많은 사람을 대하다 보면 마음이 닫혀 있어 그 복이 없는 것이다.

마음이 열린 자가 일체를 수용하고 일체를 담을 수 있어 그 복을 담을 수가 있는 것이라. 어떤 일을 하더라도 그 마음이 큰 자는 자기라는 틀이 없이 일하니 부딪히고 걸림이 없어 잘될 것이고 자기의 틀에 세상을 맞추려는 사람은 세상이 맞지 않을 것이고 세상처럼 큰 마음이 되어 살면 세상을 이해하고 맞을 것이라. 그 마음에 기본이 없는 자는 마음이 흔들리어 이것저것도 제대로 못하고 그 마음만 분주해도 이룬 것이 없을 것이고 그 마음에 기본을 갖춘 자는 분주치 않고 또 언행이 일치하여 자기가 한 것만큼 남기에 세상살이도 바르고 잘 살 수가 있을 것이다.

흔히들 종교에서 많은 사람이 기복을 하고 사나 그 복이 들어갈 마음이 없는데, 다시 말하면 그 마음이 좁아 빠진데 실의 존재인 큰 마음이 없는데 복이 없는 것이라. 복이란 그 마음이 큰 자만 또 깨끗한 자만 가질 것이고 또 복이란 그 행에서 오기에 행은 그 마음에서 오기에 그 마음을 참으로 닦아 참으로 다시 날 때 사람은 세상살이의 복도 함께 올 것이라. 세상에서 복 중 가장 큰 복은 사람이 완성되어 영원히 사는 것이라. 참 복자는 복을 위해 복 바라지 않고 나의 복 바람이 아닌 남을 위해 참 복을 쌓을 것이다.

복은 구걸하고 구하는 것이 아니고 복은 집을 짓듯이 짓는 것이고, 복을 쌓는 것이야말로 영원한 참의 나라인 자기의 마음속의 나라에 그 복으로 영원히 자기의 재물 되어 살 것이다. 마음에 복 없는 자 복 바라고 마음에 복이 있는 자 복 쌓는다. 바라는 자는 그 망념에서 바라나 복이 오지 않고 복 쌓는 자는 하는 것마다 복이고 하는 것마다 쌓고 지을 것이다. 또 올 것이다.

마음속의 참

마음속 가진 만큼 말하고

마음속 가진 만큼 행하고 산다

그 마음속에 진리 가진 자는

진리 가져서 진리로 살고 진리나라 산다

진리 가진 자라야 진리를 알 수가 있고

진리 행 하고 살 수가 있다

일체는 진리라

모두가 완성된 진리나라 산다

마음에 참 가지니 죽음이 없구나

신의 계시

미국의 베스트셀러 중에 〈신과의 대화〉라는 책이 있었다. 또 산 기도 중에 신의 계시를 받았다는 사람도 있다. 사람들은 신이 무엇인지부터 알아야 한다. 신이란 천지만상의 근원이고 신은 천지만상의 어버이인 전지전능한 창조주라. 우주 이전의 우주인 우주의 몸 마음이 신이라. 일체가 없는 가운데 신이 있어라. 없는 것이 우주의 몸이고 그 자체의 일신이 있다. 이 신을 사람이 못 보는 것은 사람의 마음 때문에 그 신이 없어 사람은 못 본다.

사람은 마음속에 가진 만큼 알고 말하고 행하고 산다. 보고 듣고 배운 마음만큼 사람 속에 입력이 되어 그것으로 사람은 안다고 생각하고 산다. 우주만한 가장 넓고 크고 높고 낮은 마음을 가지려면 나의 마음과 몸을 없애고 우주의 천체마저 없으면 내 마음이 신이 되었을 때 내 마음속에 있는 것만큼 알 듯 신이 사람 속인 마음에 있을 때 신을 알 수가 있는 것이라. 그 자체가 진리의 존재이

라. 진리란 영원불사신이 진리라.

지옥인 이 세상에 나와 이 세상이 없으면 신의 세상인 참세상이 있는 것이라. 나 자체가 없고 신 자체가 되어 다시 난 자는 신 자체라. 신의 계시가 아닌 지혜 자체로 천지의 이치 일체를 알 수가 있는 것이라. 신의 계시란 신과 유사한 것 같으나 자기 마음에서 일어난 것이기에 참 신이 아니라. 참 신은 계시가 아닌 지혜로 알아지는 것이 참인 것이라.

신과의 대화도 신과 유사하나 그 사람 마음에서 일어난 망념의 소리고 기도 도중의 계시도 또한 마찬가지라. 이 모두는 시간이 지나 보면 모두가 이루어지지 않는 자기 욕심의 발로인 것이라. 자기 마음에서 일어난 일이라. 또 타인이 그렇게 자기의 마음을 이야기해도 자기의 마음을 읊은 것이라. 그 본인의 마음인 것이라.

신의 몸 마음으로 다시 난 자는 지혜로 알고 계시가 없는 것이라. 만약에 사람이 사는 이유와 목적이 무엇이냐고 물으면 영원히 살기 위해서라고 지혜로 알아지고 진리에 후계자가 있느냐 물으면 진리 된 자는 누구나가 자식인 하나이고 그 자체다라고 지혜로 알아지는 것이다. 인간이 완성되고 안 되고도 자기 속에서 팔 단계를 다 깨친 자는 완성자일 것이고 자기의 망념의 신이 완성이 되었다 안 되어 있다고 하는 것은 모두가 가짜인 것이다.

진짜 인간이 완성이 되고 진짜 아는 것은 그 마음이 진리로 완전히 난 자만 알 것이고 하늘에서 또 어떤 존재가 한다는 것은 다 가짜인 것이다. 아무튼 자기 마음이 커진 만큼 깨끗해진 만큼 알아지는 것이 깨침이고 그 과정을 다 깨친 자만이 허인 사실을 알 것이다. 또 오차원의 세계가 있다고 하는 자도 있고 사차원의 세계가 있다고 하는 자도 망념의 세계이다. 진리세계인 완전한 세계에는 완전한 진리만이 있고 그것은 영원불사신의 세계이다. 그 세계만이 최고의 완전한 진리세계이다. 그냥 그대로 존재하는 세계이다.

마음수련의 공부는 참마음인 진리가 되는 것이다 진리가 된 증표란

만고 진리는 영원불사신 자체이고 진리의 성질은 시작 이전에도 있었고 끝 이후에도 있는 살아 있는 존재다. 이 광활한 우주의 본래의 모습 자체다. 본래의 모습이란 천지 만상만물 이전 자리인 또 천지만상이 나온 자리인 일체가 아무것도 없는 가운데 일신이 존재하는 천지 만물만상의 어버이인 창조주의 자리라.

이 자리는 시작도 없고 끝도 없는 그냥 그대로 존재하는 살아 있는 존재이나 사람은 자기 마음에 자기가 가진 만큼 말하고 행동하고 살 듯 그 마음에 이 존재가 없어 이 존재를 아는 자가 없는 것이라. 살아 있을 때 사람이 진짜인 진리가 되고 살아 있을 때 진짜 나라인 진리의 나라가 사람 속 있을 때 생사일여인 영생이고 천극락이 있을 것이다.

사람이 완전한 존재인 진리의 존재가 되는 것은 자기의 마음을 버리고 자기의 몸 버리고 우주마저 버릴 때 이 우주의 본래만 남지 않는가. 이 본래가 자기의 마음이 되어 다시 나면 그 나라가 진리의 나라인 천극락이고 자기가 진리로 거듭난 것이라. 인간의 완성은 인간이 진리가 되는 것이고 완성이란 죽음이 없는 것이 완성이고 그냥 사는 것이 완성이라. 그래서 사람은 이 존재를 알지도 보지도 못하여 되지도 못하는 것이라. 사람이 이 존재가 되는 방법은 또 완전히 그 자체가 되는 방법은

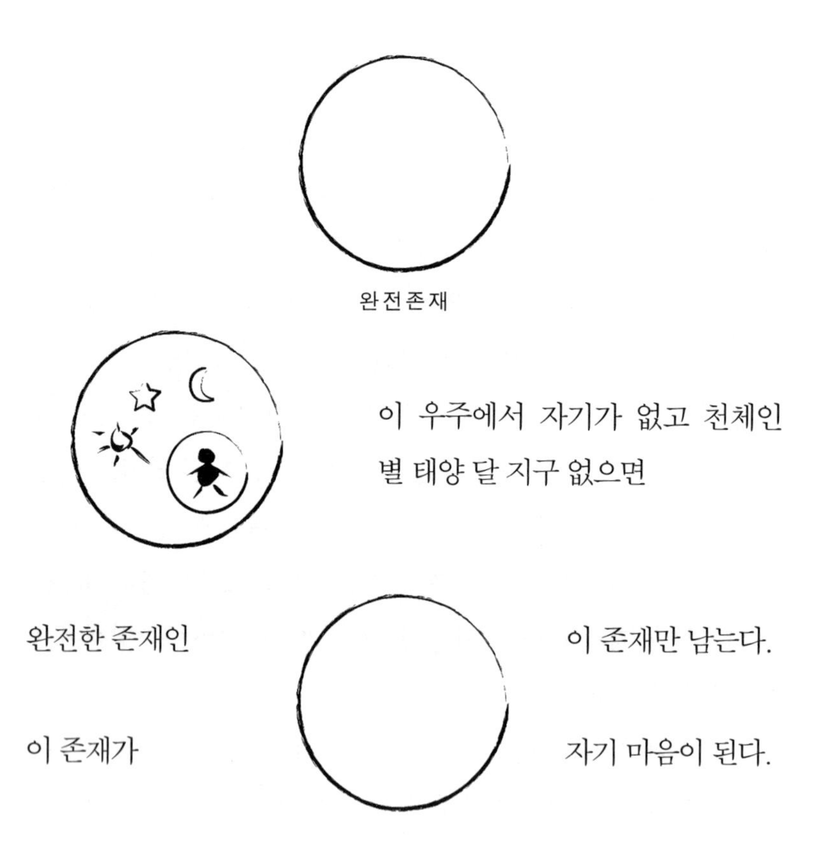

완전히 이 존재로 다시 난 자는 그 증표가 이 존재에는

사람도 자기 마음에 있는 것만큼 생각뭉치에 떠오르고 알 듯 그 마음이 우주의 진리의 혼으로 바뀌져서 거듭난 자는 이마의 생각뭉치에 혼줄이 우주와 탁 트여 그냥 하나이라.

이것이 혼줄이 난 것이고 천지만상 일체가 하나의 영혼 자체임 알고 나가 진리의 영혼 자체로 거듭나니 이것이 진리의 영혼으로 다시 나고 진리의 영혼 자체의 마음이 되었을 때 완전하구나를 깨친 자는 자기가 완성이 된 것이라.

진리

우주인 진리의 혼의 마음이 된 자는
이마에 혼줄이 나고

우주인 진리의 몸이 된 자는
영줄이 나고

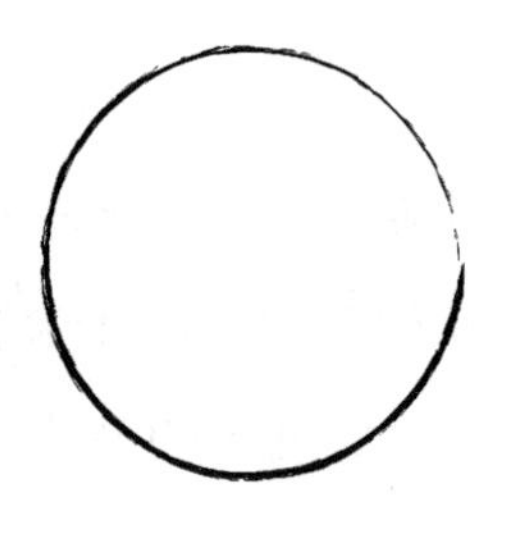

진리의 마음이 되면
다 이룸을 깨친다.

다 이룸이란 진리 자체가 완전히 된 증표는

1. 혼줄 나고

2. 영줄이 나고

3. 완전하구나

를 깨친 자는 다 이룬 자라.

완성된 자라.

산 자의 삶

밥 먹을 때에 밥을 먹고
피곤하면 잠을 자고
웃을 때 술 마실 때
놀 때 일할 때
살 때도 그냥 살구나
그대로이나 진리는 그렇게 하고
사람은 진리가 아닌 망념이 하구나
같은 것 같으나 실이고 허의 차이라
같은 것 같으나 산 것과 죽은 것의 차이고
지고한 진리와 거짓의 차이라
하늘 땅의 차이이고
땅 삶과 하늘의 삶의 차이라

영생

구름이 자고 가고
바람이 자고 가는
깊고 깊은 산중의 밤이 되니
산새도 잠자고
산짐승 소리가 간간이 나는 가운데
인간의 고독을 느끼누나
사람이 살지 않는 산속에는
거기에 맞는 나무와 풀 짐승이 살아가고 있고
보금자리도 이곳이구나
사람들이 먹고살기 위해
인간이 다닌 길을 보니
이 산천을 누빈 것만 있구나
무엇 위해 살다가 갔는지

무엇 위해 살았는지
그 해답이 지금도 풀리지 않는 가운데
많은 이가 떠나갔으리라는 추측만 남아라
인간이 난 것도 인간이 산 것도
천지조화에 나서 천지조화에 살다 천지의 조건에 갔구나
간 자는 말이 없고
인간은 자기의 마음에 가려 지혜가 없어
더더욱 아는 자가 없구나
간 곳이란 참이 없어 망념 따라 갔고
망념의 나라인 지옥에 갔지
우주의 신만이
신의 나라 사는 방법을 가르칠 수가 있고
그 옛날부터 살아 있었으니
이 천지의 소식의 일체를
알 수가 있을 것이라
그 신 자체가 된 자만
세상의 이치를 알 수가 있을 것이라
정신 된 마음에서 보면
천지는 그 정신의 영과 혼에서 나왔고
신의 모양이 만상만물이라
원래부터 만상만물은 완전하게 지어져 있고

형체의 일체는 살아 있으나

사람의 의식이 죽어

사람이 그 신이 못 되어 죽어 있어라

자기의 마음에 가려 진리인 신이 못 되니

지혜도 없고 살아 있지를 못하구나

인간이 살려면 자기가 죽어

창조주인 정신 자체로 거듭나지 않고는

살 자가 없는 것이라

거듭나지 않고는 진리가 아니라 살지를 못한다

창조주란 살아 있는 존재라

만상은 인과에 나서 본래의 창조주나

만상에 의하여 나타나는 일체도

창조주가 창조한 것이라

나타난 일체는 창조주의 자식이고

또 창조주와 하나이나

인간의 관념 관습으로 인하여 하나가 되지 못하여

모두가 거짓인 자기의 틀 속에 갇혀 죽고 만다

정신인 창조주는 물질 이전의 자리이고

물질이 아니나 비물질인 실체라

물질이 아무리 작아도 이 존재보다 작지 않아

이 존재는 형상의 일체에 그냥 존재하는 것이라

있는 형상에 창조주인 정신은 스스로 존재하는 것이라
만상이 그 존재의 표상이고 그 존재 자체라
있음이 없음이고 없음이 있음 자체라
그냥 하나의 정과 신이라
사람 속에 정신이 존재하는 것은
사람의 마음이 정신으로 나면
그 자체의 몸과 마음이라
사람이 진리라 영생불멸하는 것이라
영원히 사는 것이라

신과의 대화

흔히들 하나님은 인격의 신이다고 하니까, 또 자기 속에 있다고 하니까 자기 마음속에 하나님이라는 존재를 하나 만들어 대화를 한다고 하나 그것은 망념인 또 허인 자기의 마음이 하는 것이라.

하나님이란 존재는 이 우주만한 우주 이전의 우주인 영과 혼 자체라. 하나님은 인간이 죄로 인해, 다시 말하면 인간의 마음에는 하나님이 없는 것이라. 인간의 마음에서 자기 기준의 자기의 하나님을 만들어 마음속에서 대답한다고 하는 것은 하나님이 아닌 자기의 망념의 허인 하나님이라. 그 망념에서 나온 하나님이라. 그것은 대답하는 것도 자기의 마음이라. 일체의 대답은 모두가 허 자체이고 약속한 것, 다시 말하면 어떤 요구를 했을 때 자기 마음인 망념이 언제까지 해준다고 했으나 시간이 지나 보면 이루어지는 것이 없다. 나 속에 하나님이 있다고 하는 것은 진리로 거듭나야 있는 것이다. 진리의 영혼인 몸 마음으로 거듭나면 진리의 자식이라 곧 진리인 것이다.

하나님이 대답하는 것은 나와 하나님이 둘이 되는 것이라. 하나님은 이런 하나님이 아니고 진리인 영과 혼으로 거듭난 자는 지혜로 알아지는 것이다. 〈신과의 대화〉라는 책도 자기 마음이 신이 되어 대답하는 것이다. 일종의 하나님의 빙의 현상이다. 하나님의 자식으로 거듭난 자만이 하나님이 자기 속에 있어 그 하나님을 보면 지혜로 알아지는 것이다.

본래 하나님은 형상의 하나님이 아닌 영과 혼인 것이다. 그 혼이 정신인 지혜라. 가령 인간이 왜 사느냐고 물으면 살기 위해 산다고 지혜로 알아지고 사람이 영원히 사는 방법이 무엇이냐고 물으면 진리 자체가 되지 않고는 영원히 못 산다고 지혜로 알아진다. 일반적으로 자기 마음속에 있는 하나님은 자기 마음이라. 참 하나님이 아닌 것이라. 인격의 하나님이라는 것도 사람으로 하나님이 나타나는 것을 의미하고 본래의 성령 성부의 하나님이 사람으로 와야 성자의 하나님이 있는 법이라. 진리인 사람이 없는데 진리로 사람이 날 수가 없는 것이라. 모두가 진리로 거듭나면 하나님의 자식으로 나니 자기 속에 자기 마음이 하나님 행세한 어리석음을 훤히 알 수가 있는 법이라. 성직자도 이 거짓의 하나님을 가진 자가 신도도 많고, 참을 모르는 사람은 이것이 진짜인 줄 알고 믿고 있는 것이라.

하나님이란 대우주 이전의 대 영과 혼 자체인 창조주라. 이 자체가 전지전능하여 만상을 다 내었고 그 하나님의 정신으로 거듭난 자는 지혜의 신이라. 천지의 이치를 다 알고 천지의 뜻을 다 알 수가 있고 세상의 이치를 다 아는 것은 자기가 배운 만큼 자기의 모양만한 경험한 것만 가지고 사람은 안다고 하나 그것이 모두가 허 자체라. 자기의 마음이 창조주인 세상인 온 우주가 되어 세상을 보면 세상의 이치를 알 수가 있지 않는가.

자기 속에 자기 마음인 망념이 만든 하나님은 빙의의 하나님이라. 자기 속에 하나님이란 마음 이전의 자리인 온 우주의 진리 존재인 대영혼 자체라. 서울 가봐야 서울을 알 듯 그 자체가 되어봐야 그 존재를 알 수가 있는 것이라. 그 존재로 거듭난 자는 계시도 응답도 아닌, 그냥 세상의 이치를 지혜로 알아지는 것이라.

부활

갈 것인가 있을 것인가
가는 자는 가도 갈 곳 없고
있는 자는 있어 마음서 갈 곳 찾는다
인간의 하늘나라는
관념으로는 아련한 경지라
말만 있고 간 자가 없어 가르치지 못했구나
가고 오고가 없고
인간의 마음만 키우고
인간의 마음이 세상 가질 때
세상의 주인이 되는 것이라
세상의 주인은 인간이라
자기의 자기가 없는 자가 가지는 세상이라
자기라는 존재의 마음과 몸이 다 없고

망념의 우주마저 없으면

그 자리가 참이고 참의 세상이라

그 자리가 죽음이 없어 완전한 자리고

인간의 정신이 그 자체로 다시 난 자만이

영구히 살 수가 있는 것이라

이것이 부활이고

이것이 새 하늘 새 땅이라

살아 있는 나라라

잘못이다라는 말의 본시 뜻은

잘못이다라는 말의 본시 뜻은 잘 모시다는 뜻이라. 잘은 품사로는 부사이나 매우 좋은 뜻이 있어 매우 좋은 뜻은 진리의 존재라. 진리를 모시는 것이 잘 모시다는 뜻이다.

혼줄 난다는 말의 본시 뜻은 자기의 마음속에 신인 혼이 존재할 때 이마에 혼인 신이 나서 우주의 혼인 신과 하나로 확 트인 경지가 혼줄이 난 것이나, 죽을 고비를 넘겼을 때 우리는 혼줄(혼쭐)이 났다고 한다.

그렇듯이 잘못이다라는 뜻은 진리를 모시다는 뜻이나 진리를 못 모시니 잘못인 것이다.

잘못이다의 뜻은 진리를 모셔서 자기 속에 있는 망념의 마귀는 쫓겠다는 뜻이라.

마음을 버리는 것은
세상에 있었던 일과
세상에 있는 것이 모두가
망념이라 버리는 것이라

마음속에 가진 것이 무엇인가
자기의 망념을 버리고 버리면
망념의 자기의 마음 몸이 없을 때
참만이 있을 것이라
마음을 버리는 것은
세상에 있었던 일과
세상에 있는 것이
모두가 망념이라 버리는 것이라

신의 마음

마음이 있다는 것은
자기중심의 마음이 있다는 것이라
마음이 없다는 것은
자기중심의 마음이 없고
신의 마음만이 있을 때라
신의 마음은 인간의 아는 것이 끊어진 마음이라
그 마음은 공 자체이고 그냥 있는 마음이라
다 알아 아는 것이 없고
인간의 관념 관습으로부터 벗어난 자리라
과거 미래가 없고 시공이 없는 자리라
그 자리는 하나인 마음이라
우주 자체의 신 자체로 다시 난 마음 자체라
우주의 신 자체라 이것저것에 구속이 없고 자유라

대자유이고 해탈 자체라
나가 없어 진리라 자유 해탈이라
있음 없음이 하나인 자리이고
없음 있음이 하나인 자리이고
그 자리는 만상만물의 근본이고
만상만물의 이전의 자리라
그 자리는 참이고
그 자리는 진리이라
그 자리는 살아 있고
그 자리는 영생불멸의 에너지와 신의 자리라
그 자리는 스스로 존재하고
그 자리는 원래부터 있었고
그 자리는 시작도 끝도 없는 그냥 존재하는 자리라
완전한 자리이고
완전하다는 것은 죽지 않아 완전한 자리라
그 자리는 만상만물의 어버이 자리이고
그 자리는 천지만상의 주인의 자리이고
그 자리는 물질 이전의 비물질인 실체이고
그것의 성질은 있되 없고 없되 있는 것이라
그것의 성질은 빛이 물질이 아니나
빛이 있듯이 존재하고 물질 이전의 단위라

최소 단위 물질 안에도 존재하는
그냥 그대로 있는 존재라
있되 없다는 것은 그 존재가 있으나
물질이 아니라 없는 것이라
천지만상은 그 자체의 표상이고
천지만상의 삶이 그 자체라
전지전능한 혼과 영 자체이고
전지는 지혜의 신인 혼이고
전능은 천지 만상만물을 낸 영 자체이라
이 천지 만상만물은
그 영혼의 몸과 마음으로 난 것이라
전지의 바른 뜻은 일체를 안다는 뜻이고
본래의 진리 일체를 다 알아 전지한 것이라
근본인 참의 일체를 아는 것이 전지라
이 천지의 이치를 아는 것이 전지라
전능은 이 세상에 있는
이것저것의 수만 가지의 형체가
그 자체가 창조하니 전능한 것이라
이 세상의 일체가 이 존재의 삶의 표상이라

빛과 어둠

날 밝으면 천지가 다 보이듯
날 어두우면 천지가 안 보이듯
마음속에 자기의 마음이 있으면
천지의 이치를 모르고
마음속에 참인 참마음이 있으면
천지의 이치를 알지
참과 허의 차이고
빛과 어둠의 차이고
있음과 없음의 차이고
앎과 모름의 차이이고
살고 죽고의 차이고
하늘 땅의 차이인
하늘은 원래가 완전하고

하늘은 살아 있으나

사람의 마음이 하늘에 닿지 않아

산 자가 없구나

그 마음에 가진 대로

세상도 그만큼만 살 듯이

그 마음에 하늘 가진 자만

하늘나라에서 하늘의 수명만큼 살 것이다 ▩

그 옛날

강 푸르고 물고기 한가히 노니고
고독히 우는 물새 소리가
그 옛날에 강에서 있었던
수많은 사연을 생각나게 하구나
말이 많고 사실 많았던 것들은 어디 가고
강은 말이 없구나
모든 것이 사라지고
강물만 출렁이고 강 새만 울구나
부여의 낙화암은 삼천 궁녀가
백제 마지막 왕인 의자왕이 왕궁을 뺏기니
적의 무리에 들어가지 않으려는 충성심에
강물로 뛰어들어 죽었던 일
백제의 패망으로 의자왕은 마지막 왕이었어라

나당의 연합으로 백제가 없어지고
고구려가 없어지고
삼국이 하나가 되었으나
고구려의 영역인 중국 대륙이
한반도보다 큰 나라가 없어졌구나
의자왕의 묘가 당나라에 있다는 소문과
중국의 만리장성은 고구려가 겁이 나
쌓은 것이라는 이야기만 남기고
그 옛날이 없어졌구나
좁았던 이 땅에 수많은 전쟁이 있었고
외침을 수없이 당하고도 버티다가
결국은 빼기어 나라를 잃고 다시 찾았으나
나라가 미소(美蘇)에 의해 남북으로 갈라져 있구나

다 이루었는가

- 그대 생명의 샘에서 물 마셨는가 그래서 과거를 다 망각하였는가
- 그대 생명수를 마셔서 살아났는가 부활했는가
- 그대 혼줄 났는가
- 그대 영혼줄 났는가
- 완전함을 깨쳤는가
- 다 이루었는가 다 깨쳤는가 다 아는가 다 완성되었는가
- 다 이루고 다 깨치고 다 아는 것은 진리로 거듭나 천국 삶 사는 것이라

자기의 마음이
진리 자체로 다시 난 자만
진리라 살 것이다

날 밝으면 천지가 잘 보이고

날 밝으면 천지가 잘 보이듯

마음에 진리만 있으면

진리가 잘 보이고

그 마음에 진리 아닌 망념이 있으면

진리가 안 보인다

자기의 마음이 진리 자체로 다시 난 자만

진리를 마음으로 볼 수가 있고

진리의 경지에 간 자만

진리를 보고 알 수가 있을 것이다

사람은 자기가 경험한 만큼만 알기에

진리를 자기 마음속에 가지지 않는 자가

진리를 알 수가 없을 것이다

가장 지고한 것이 진리고

진리 이상의 더 나아갈 수가 있는 자리가 없고

그냥 그대로 존재하는 자리라

그 자체가 된 자만 진리라 살 것이다

마음에 참만 있게 하자

마음이 맑으면
마음속 진리 있어라
몸에 불필요한 똥을 빼내듯
마음에 불필요한 허인 마음을 빼내자
똥은 불필요한 것이라 빠지지만
필요한 것은 몸에 남듯이
마음에 불필요한 허를 빼내면
마음에 참마음만 남아라
참마음인 자만 산다
참마음인 자는 몸 마음이
참이라 참 행 하고 산다

인간 본성을 회복하자

우주의 에너지 빛으로 다시 난 자만 살 것이라

있음이 있음을 낳았지

없으면 있음이 안 되지

그것의 형질의 변경이

모두가 천지의 만상이지

만상의 일체는 또 그 자체이지

하나인 그것의 표현이 만상이지

삼라만상의 일체가 살아 있고

그 자체의 나라에는 모두가 살아 있으나

우주의 에너지 빛으로 다시 난 자만 살 것이라

마음이나 닦아보게

그대 갈 곳이 있는가

그대 쉴 곳이 있는가

그대 영원히 살 곳 있고

살 수 있는가

없으면 마음이나 닦아보게

마음이 부자

그리움이 천지 가운데 있으면 있구나
이 천지가 마음이 되면
천지가 나 되니 마음이 부자라
그 마음이 없을 것이라
내 마음이 하나의 참 자체라
이 천지와 나가 살 것이라

세월

늙은이는 늙은 대로 살고
젊은이는 젊은 대로 산다
모두가 자기의 몸에 맞게 사나
사람은 늙어도 그 마음은 늙지 않아
마음은 있으나 몸이 말을 듣지 않는다
마음대로 몸이 움직이지 않는다
세월 따라 많은 이가 오갔지만
그 마음만큼 살다가 그 마음 따라 갔지
그 마음이 신명으로 난 자는
신명의 나라에서 영생토록 살지
이 천지가 사람의 마음속에 가진 자가
그 신명 자체라 신명의 나라에
빛과 에너지로 살 수가 있지

인간이 영원히 사는 것은
그 마음이 빛과 에너지로 날 때
그 자체만이 진리라 살지
이 천지가 모두가 빛인 신이고
에너지인 명이라 신 나고
신명 난 자만이 그 신명 자체라 다 이룬 자이라
자기의 마음속에 신명 가진 자는
진리 자체라 죽음이 없을 것이다
산다는 것은 신명으로 난 자이고
신명 자체가 된 자가 산 자이지
일체가 창조주이신 신명이나
사람은 자기의 마음속에 신명이 없고
지나간 산 삶의 경험의 추억의 그림자를 가져서
그것을 자기라 믿고 사나
그것은 하나의 진리가 아닌 허상일 따름이지
그것이 시키는 대로 살고 그것의 노예로 살지

마음속에 가진 만큼 사람은 산다

이 세상도 사람이 가진
하나의 마음이라
그 마음속 참 아닌
허상의 세계를 가진 자는
허상의 세계에 살아라
마음속에 가진 만큼 세상을 살 듯
마음속에 진리의 나라가 없고
자기가 가진 마음의 세계에서
인간은 허상 속서 살아가는 것이라
자기의 마음이 진리인 자는
진리의 나라 가지고
진리의 나라에서
영생불멸하는 것이라

마음속에 가진 만큼 사람은 산다
마음속에 가진 만큼 세상 살 듯
진리나라 가진 자는 진리나라에 삶 산다

자기의 마음과 몸을
우주의 진리로
다시 나야 하지 않겠는가

그대가 날 찾아와도

모양만 보면 찾지 못할 것이고

마음 닦아 마음을 봐야

나를 찾을 수 있을 것이라

수많은 이가 날 찾아와도

나를 못 만나고 가는 이유가 무엇인가

나보다 저가 잘나

자기의 죄와 업이 두터워

그 속에서 빠져나오지 못하니

나를 만날 수가 없구나

범굴에 가야 범을 만날 수 있고

또 범을 잡을 수가 있듯이

날 찾아오려면 나를 만나야

나를 찾을 수가 있을 것이 아닌가
마음과 몸이 하나이고
본마음인 우주와 나가 하나이나
인간의 마음은 우주 따로 사람 따로이니
모양과 우주가 따로 보이고
그 우주의 정과 신이 사람으로 올 때
사람이 진리인 그 우주가 될 수가 있는 이치라
날 찾아왔으면 날 만나야지
가면 어떻게 하느냐
만난 자는 참사람 되어
참 나라에서 영원히 사는 법을
배우고 또 영원히 사나
그냥 가면 갈 곳도 없고
그 허상인 망념 따라 허상 속에서
죽어 버릴 것이 아니겠는가
날 만나러 모두가 오나
나는 그냥 있으나
만나지 못하고 가는 이유는
저가 잘나 또 저의 죄가 많아서이나
저는 그 이유를 모르고 있구나
나는 항시 열쇠까지 주고 만나러 오라고 하나

못 오는 것은 죄가 많아서라 업이 두터워서라
잘난 것은 날 만나 새 사람이 되어
새 나라에서 사는 자가 참 잘난 자이라
사는 자가 잘난 자이지
죽는 자는 못난 자이지만
사람이 살고 죽고의 뜻을 모르니
그런 실수는 하지 말아야 할 실수지
그런 실수는 절대로 안 해야지
이 우주의 우주가 사람에게
진리인 우주가 되어 영원히 살자고
인간으로 와서 처음이자 마지막인 이때에
자기의 마음과 몸을 우주의 진리로
다시 나야 하지 않겠는가

인간의 완성

내 마음 없애어 영원불사신인
우주의 마음으로 되돌아가서
그 마음과 몸으로 다시 나자
그 자체가 되어 다시 나자
그 자체가 창조주 자체이고
그 자체가 진리 자체이고
그 자체가 살아 있는 신이라
신이란 천지의 일체를 알고
신이란 생명 자체이고
신이란 부활영생이고
신이란 진리가 신이라
인간의 완성은 자기가 신이 되는 것이라

술

산새 소리가 들새 소리가 나누나
천지가 조용한 가운데
꽁꽁 얼어붙은 강과 대지 위에
새소리만 나누나
강모래가 바람에 휘날리게
세찬 바람만 부니
내 마음이 무엇이 그리운지
자연의 분위기 따라
마음이 그리움만 남구나
주막집에 들러서 보니
막걸리 잔을 기울이는 농부는 해롱해롱
했던 소리만 자꾸자꾸 되뇌이구나
자욱한 담배 연기 속에 찬 몸이 녹고

주전자에 따르는 막걸리 잔에
깍두기 김치가 안주이구나
한 사발을 벌컥벌컥 마시니 아! 하는 소리에
깍두기 김치를 먹으니 뱃속이 시원하구나
뜻도 없이 가운데 연탄불이 핀
난로 상에 앉아 손을 쬐고 있고
한 손으로 빈 잔에다 한 사발 따르고
또 마시고 또 따르고 마시고
술 주전자가 비었구나
얼그리한 기분에 한 주전자를 더 시켜
마시니 정신이 해롱해롱하구나
마음도 얼어붙어 있던 내 마음이
또 수축된 마음은 어디로 달아나고
자신감이 붙고 이제사 마음이 열려
주모와 대화가 나오구나
이런저런 이야기와 신세타령하는 가운데
수많은 번뇌가 술과 함께 사라지고
고민도 술과 함께 사라지고 기분만 좋고 있구나
자신감만 술 마시면 있어지구나
술 깨면 기분과 자신감이 달아나고
말이 없고 번뇌와 고민이 또 있구나

취한 술로 한을 달래고

사람들이 술병으로 저세상을 떠나가고

나도 언제부터인가 술과 이별을 했구나

내 마음과 몸을 녹여주고

번뇌망상을 없게 하던 그 술이

날이 추워지니 그리웁기도 하구나

술 함께 마시던 사람들도 어디론가 없어지고

그때 그 시절이 그리움으로 변했구나

마음만 허망한 가운데 나는 초늙은이가 되었고

말없이 젊은 시절이 사라졌구나

세상에 객이 되어 떠돌아다닐 때

어느 곳에나 술이 있으나

허수룩한 초가집에 무명의 객으로 술 마시던

자유인이 아닌 사람의 비위 맞추고

진리 이야기 하구나

많은 사람이 따르니 나는 자유인이 아니고

많은 사람들 속에 고독한 나그네이구나

술 먹던 나를 넘어선 진리의 이야기만

이렇게 저렇게 하여

사람들이 이해하도록 하는 것만 나의 마음이구나

그냥 진리 자체라 진리만을 이야기하누나

마음속에 진리가 없는 사람들을 안타까워하며
했던 이야기를 또 하고 또 하고
진리 되는 방법을 가르치구나
아련한 추억의 나 혼자이던 객이 되어
술 마시던 자유인이던 그 시절만
나의 그리움의 추억이 되었구나
군중 속에 고독한 삶이 힘이 드는
또 사람이 진리가 안 되어 안타까워하는 나에게
하나의 추운 날씨와 함께
그 시절의 자유가 그리웁구나
유행가의 나는 한 마리 이름 없는 새
새가 되어 날아가고파
아무도 살지 않는 곳 바로 그곳에서
나는 한 마리 이름 없는 새로 살리라…
가야산에서 부르고 다니던 나의 심정을
어떤 이가 그 심정을 읊고
스승님이 사람들이 애먹이니
어디론가 자유로 가시고 싶어 한다며 안타까워하던
사람도 나의 심정을 이해했는 모양이다
수많은 망념의 귀신과 싸우고 그 귀신을 쫓아주었으나
또 그 귀신들이 진리를 팔아먹고

아직까지 귀신을 다 못 쫓았는지
공부를 한 이도 나를 판 사람들이
나에게 잘못했다고 말하는 용기가 있고
참사람인 바른 자를 만나지 못했으니
인간이 완전한 진리가 되는 것은
힘이 드는 모양이구나
진리도 자기중심의 자기만 위해 하는 귀신이구나
그래서 나는 이름 없는 새처럼 떠나지 못하고
변함없이 십 년을 진리를 지키고 있구나
이 몸이 없어질 때까지 똑같이 그럴 것이고
또 사람을 위해 다 살 때까지
영원히 진리를 지키고 그 나라 살 것이다

복 그릇

너의 복 위하여 원망하며 울고 웃지 말고
나를 위하여 울고 웃고 하면
복을 가진 자이나
너 위하여 원망하고 울고 웃으면
복이 없는 자지
복이란 그 마음에 자기라는 허상을 가진 자는
복이 오다가도 허상인
그 마음이 쫓아버리니
복이 담기지 않구나
복이 오지 않구나
나 위하여 울고 웃는 자는
복이 있는 자요
저를 위해 웃고 우는 자는

복이 없는 가련한 자라
밖에서 복을 구하지 말고
내 마음이 없으면
참마음이 복을 담을 수가 있는 그릇이라
물건도 그릇이 있어야 담을 수가 있듯
복도 복 그릇이 있어야
복을 담을 수가 있는 법이라
사는 것도 그 마음에 가진 만큼 살고 행하니
복이 없는데 복 바라고 사는 자는
어리석은 가련한 자라
그 마음이 자기라 몸 마음이 하나라
마음에 가진 만큼 말하고 행하니
그 마음에 참이 없는 자는
상대가 믿지 않아 인정을 못 받고
그 마음에 참이 없는 자는
주어도 받지 못하니
또 그릇이 못 되니
가지지를 못하는 것이라

참 부자

무엇을 가질 것이냐
무엇을 담을 것이냐
마음에 의하여 만물은
또 사람은 살아가는 이치도
사람이 철들어야 알 수가 있는 것이라
사람이 지혜의 신이 임해야
알 수가 있는 것이라
사람이 왜 살고 무엇을 가져야 하는지
바르게 아는 자가 없어
무엇을 담고 가질 것인가
마음속에 담은 대로
이 세상을 그만큼 살아가듯
마음속에 자기의 망념을 가져

인간이 고통과 짐 지고
쉬지를 못하고 살아간다
망념이 마음이 되어
자기를 움직이고 생각을 하게 하여
잠시도 쉬지 못하고
고통과 짐 지고 사는 것이라
인간이 이 세상 사는 이유와 목적은
진리로 다시 나서 영원히 살기 위함이라
그 목적을 이루고 살면은
자유고 대휴를 하는 것이라
살아 세상 살면은
인간이 사는 이유와 목적을
지혜 있어 알 수가 있고
세상에 사는 법을 알 수가 있는 법이라
자기 속에 참 가진 자라야 참 삶 살아야
허덕이지 않고 살 수가 있는 것이라
인간의 걱정은 먹고살고
자기가 잘 입고 좋은 집에 살기 바라나
그것은 허상에 허만 커지고
참 삶은 참마음으로 다시 나
참의 나라에 복 짓고 사는 것이라

참 나라에 난 자는 참 나라 일한다
그 나라에 일해야 신명이 나는 것이라
그 나라에 일해야 신이 나는 것이라
그 나라에 복 가지면 영원세세토록
그 복이 자기가 되어
그 복으로 살 수가 있는 것이라
그 나라에 많은 것을 쌓은 자는
자기의 것은 자기 것이라
마음이 부자가 되어야 부자이지
그 마음에 실을 쌓는 자가 참 부자이라
부자는 있어야 부자이고
실인 그 마음에 쌓는 자는
일체의 부족함이 없이
세상에도 살 수가 있고
저세상에도 마찬가지라
자기의 마음에 가진 만큼 살기에
복인 참인 진리를 가진 자는
일체의 하는 것이 모두가 복이고 자기의 것이라

바름이란

산 것이 산 것이고
일체가 그냥 있구나
보는 것은 하늘이 보고
듣는 것도 하늘이 듣구나
만상은 모두가 하늘 닮은
하늘 자체구나 살아 있구나
엄매 하고 우는 송아지는
하늘 소리 내고 하늘 신호 하나
그 이치 아는 자가 없고
그 이치를 보는 자가 없구나
사람의 마음이 모두가 하늘이고
사람의 마음이 하늘 자체이나
사람은 하늘을 보지 못하듯

사람은 마음 만상이 하나임을 알지 못하고
사람은 마음에 가진 만큼만
자기의 주관대로 보고 듣고 하구나 또 말하구나
가는 것을 가게 보고 오는 것을 오게 보고
그냥 있는 이치를 모르누나
이것저것도 하나 자체이고
저것이것도 하나이나
모두가 다르게 보이는 것은
자기의 마음으로 봐서이라
하나인 하늘의 마음에서 보면
모두가 하나이고 형상 자체나
형상 아님도 하나의 영혼 자체로 하나이나
사람은 모양에 속아 자기의 본래도 근본도 모르고
무엇이 바른지도 알지도 못한다
바른 것이란 곧은 것이고
곧은 것이란 끝이 없는 것이고
죽음이 없고 산 것이고
진리 자체인 것이라
진리에서 보면 모든 것을 바르게 볼 수가 있고
진리인 참으로 볼 수가 있는 것이라
개체가 보고 아는 것은

주관적이고 자기의 망념의 소산이라 바름이 없지만
진리만이 바름이고 옳은 것이라
진리가 알고 보는 것은
그것 자체가 진리라 변함이 없기에 바른 것이라
바뀌지 않기에 바른 것이라
이 천지에 바른 것은 하늘밖에 없고
이 천지의 참은 하늘밖에 없어
하늘 몸 마음으로 난 자는
바른 자이고 모든 것이 바르나
사람은 그 바름을 역시 못 본다
자기의 입장의 바름 때문이라
바름은 하늘의 몸 마음으로
하늘 난 자가 바른 자이라

성령으로 다시 난 자

그대가 무거운 고통 짐 진 것은
자기가 먹어 놓은 마음에서라
그 마음을 없애면 고통 짐서 벗어나고
완전히 벗는 것은 예수님처럼
진리인 아버지를 위해 다 바쳐
다시 말하면 고통 짐이 하나도 없는
성령으로 다시 난 자라
남의 짐은 없어 보이나
먹은 마음이 있는 자는
모두 다가 짐이 있어라
그것이 죄이고 그것이 업이라
이 세상도 없고 나도 없는 경지가
하나님인 진리만이 존재하는 경지라

사람의 마음이 이 자체로

다시 난 자는 영생천국 난 자라

인간이 완전하고 완성이 되는 것은

신인 진리로 다시 나지 않고는

완전 완성이 없고 영생천국이 없는 것이라

무한대란

무한대란 끝이 없는 것이라
무한대란 우주 이전 우주라
무한대란 창조주라
무한대란 끝이 없이 큰 것이고
무한대란 살아 있는 존재이고
무한대란 진리의 존재라
무한대란 시작도 끝도 없고
무한대란 그냥 존재하는 존재라
무한대란 우주 정과 신이라
무한대란 부처님 하나님 한얼님 하느님 알라라
무한대란 만상의 근원이고 만상의 어버이라
무한대란 인간의 본마음 자체라
무한대란 살아 있는 신이고 몸이라

인간이 이 무한대의 마음으로 다시 난 자는
무한대의 나라에 주인으로 영생불멸하는 것이라
무한대 성질처럼 스스로 존재하는 에너지와 신 자체라
빛이란 생명 자체라
빛이 있어야 만상이 살 듯
생명의 빛 자체인 신이 있어야
만상은 진리라 살 수가 있는 것이라

귀신이란

할아버지 할머니
아저씨 아주머니
총각 처녀 어린아이들아
귀신을 봤느냐
나는 귀신 잡으러 왔다
귀신이 무엇인지 본 적이 없고
말만 듣던 귀신이 참으로 있는 것입니까
모두가 되묻는다
귀신은 사람의 눈에는 보이지가 않아
사람이 귀신을 보지 못하는 것이라
안 보이는 것을 어떻게 잡습니까
그 귀신이 수십만 가지의 사람의 마음이라
이 세상에 수많은 귀신과 살고 있으면서

귀신이라 귀신을 모르누나

귀신이 별의별 방법으로 둔갑술을 써서 있으니

귀신인지 귀신 아니고 사람인지를 모르구나

탈은 사람의 탈을 쓰고

미운 귀신

고운 귀신

술 귀신

미친 귀신

사랑 귀신

원수 귀신

아는 척하는 귀신

잘난 척하는 귀신

내숭 떠는 귀신

점잖은 척하는 귀신

이쁜 척하는 귀신

못난 척하는 귀신

잘난 척하는 귀신

유식한 척하는 귀신

수만 가지의 둔갑술을 쓰고

귀신은 결국은 자기 위해 살지만

귀신들은 귀신이 보이지 않으나

참사람인 바른 사람 눈에는
귀신이 잘 보이는 법이라
귀신 잡는 사람도 세상에는 있는 법이라
귀신이 안 죽으려고
참사람에게 욕도 하고 달아나기도 하고
저가 잘났다고 하고 저가 맞다고도 하나
참인 사람이 보면 귀신이 덮어씌어
귀신 짓 하는 것이 보이고
귀신의 둔갑술이 보이누나
귀신아 귀신으로 있지 말고
신이 되면 영생천국 간다
귀신아 신이 되면 세상 이치를 다 안다
귀신으로 있으면 영원히 죽어
지옥세상에서 없는 세상 산다고 하나
귀신 속에는 영생도 천국도 지혜가 없어
알아듣지도 또 보지도 못하니
귀신은 또 귀신 행세인
수만 가지의 둔갑술 써서
조석으로 마음이 왔다갔다하구나
결국은 귀신 잡는 사람도 입이 닳도록
조석으로 바뀌는 귀신에게 했던 말을 또 하고

귀신의 마음을 잡아두어 떠나지만 않으면
귀신은 언젠가는 잡을 수가 있는 법이라
귀신은 스스로가 귀신이 안 좋다는 것을 알고
귀신은 스스로가 완전하지 않다는 것도 알지만
귀신이라 귀신은 왔다갔다하구나
귀신 잡는 사람도 별수가 없이
귀신에게 칭찬도 해주고
귀신의 비위를 맞추어 주어야
귀신이 안 달아난다는 것을 알고
귀신 비위를 잘 맞추는 사람이
귀신을 잡는 최고의 명수라
귀신을 쫓고
참사람이 사는 세상에서
귀신아 영생불멸히
신선사람과 살자
귀신아 고집 부리지 말고
신선인 사람의 말을 들으면
귀신은 잡히고
신선과 함께 살 수가 있다

그 사람의 경우에 맞게 말하는 것

쓥쓸한 웃음이 나구나
덧없는 웃음이 나구나
마귀는 자기가 대우 받기를 좋아하고
자기만을 위하여 사니
그놈을 좋다고 그놈이 맞다고 하는 것은
본마음이 그냥 있고
그 사람의 경우에 맞게 말하는 것이
방편인 방편술이라
마음이 큰 자가
이것저것에 걸림이 없이 사는
하나의 방편인 것이라
창조주가 만상을 낸 것도
만상을 살게 하는 것도

모두가 하나로 부딪힘이 없이 살게 해놓았으나
지혜가 없어 인간은 이 방편을 모르는 것이라
인간이 자기의 마음속에는
이 방법이 없는 것이라
큰 마음 가진 자는
이 방법이 있는 것이라
귀신을 말 잘 듣게 하는 것은
귀신을 싫어하면 귀신은 달아나기에
귀신의 장점 아닌 장점을 말하여
귀신의 정체를 알 때까지 부리고
고백을 받는 것이라
이 세상은 귀신의 세상이나
귀신인 사람은 귀신을 밖에서 찾는다
귀신 잡으려면
귀신과 친해야 잡을 수가 있고
귀신을 시키려면
귀신이 힘이 나도록 해주어야
귀신을 시킬 수 있는 법이라
귀신이 발악을 하지 않게 하는 것도
귀신의 비위를 맞추어야 하는 것이라

부처님과 하느님은 말은 다르나 하나인 진리의 존재다

부처님 하느님은 지혜의 신이다. 불교에서는 마음이 부처이다고 하고 기독교에서는 자기 속인 마음 가운데 하느님이 있다고 한다. 부처님과 하느님은 말은 다르나 하나인 진리의 존재다.

진리란 만고불변의 시작 이전에도 또 영원 이후에도 존재하는 창조주 자체인 그냥 존재하는 영과 혼이요 정과 신인 존재다. 사람의 마음이 이 자체인 존재로 다시 난 자만이 이 존재를 마음으로 볼 수도 알 수도 있는 것이다. 부처는 참마음이요 진리도 참마음이요 하느님도 참마음이요 이 참마음으로 다시 난 자만이 부처님 하느님이 자기 속에 있어 알 것이다.

사람인 진리가 있어야 사람이 진리가 될 수가 있는 법이라

사람인 진리가 있어야

사람이 진리가 될 수가 있는 법이라

무정은 유정을 낳고

유정인 진리가 무정 속에 진리인

유정을 낳는 것이라

진리인 사람이 없으면

사람이 진리가 될 수가 없는 법이라

진리가 되려면 몸 마음이

진리 자체로 다시 나야 하는데

그 방법은 진리만이 알 것이다

인생

인생은 하나의 유수(流水) 같은 삶 살며
수많은 사연 사연이 가슴에 남아라
갈 것인가 있을 것인가
가는 자는 얻지 못하고
있는 자는 얻을 것이다

부평초

산새만 날고 있는 가운데
아무도 볼일 없는 산천을 누비니
나는 공허한 나의 심사를
산천을 누비며 달래고 있구나
세상에 부평초가 되어
나는 마음이 안착할 곳이 없고
인간사에서 이룬 것이 하나도 없고
이룸도 없어 이룰 곳도 못 찾아
덧없는 인생사를 탓하며
나만이 고독에 잠기고
나만이 세상에 부평초가 되어 마음이 떠돈다
부엌에 제일 충성하는 산천의 나무는
몇 년이 되었는지 이따금씩

소나무가 큰 것이 보이누나
경제적으로 남음이 없는 시골의 농부들은
말없이 세상 탓도 않고 세상을 그냥 사나
나는 말없는 농부가
왜 사는지 무엇을 알고 살아가고 있는지
생각하고 있구나
부지런은 하나 그 환경에 잘 적응하여
묵묵히 삶을 살구나
세상의 부평초라
세상 밖에서 무엇을 얻으려 다니고
또 얻으려고 하고 있으나
마음에 맞는 것은 없듯이
마음이 수없이 많고 많아
그 마음에 맞는 것이 없구나
마시고 또 마시고 술을 마셔도
술 속에는 답도 없구나
본질적인 세상의 이치를 모르고서는
나의 마음은 부평초라
젊은 날 나의 마음속에는
덧없는 인생사가 맞지 않았는지 모른다
옛날에 살다가 간 사람의 흔적인

무덤만 산천에 즐비한 가운데
나는 덧없는 인생사를 생각하고
잘산 자의 흔적도 무덤이고
못산 자의 흔적도 또한 무덤이라
꿈같은 인생사를 살다가 말없이 갔구나
현실에 충실히 살아가고 있는 사람들은
나의 심사를 이해도 못할 것이라
나를 알지도 못할 것이라
덧없는 인생사의 의문이 있는 나를
말없는 자연이 나는 좋아
산천 누비며 나 혼자 이것저것의
의심의문의 생각만 하고 있구나
맑은 하늘에 구름이 있었다
바람 불었다 비가 왔다 눈이 왔다
추웠다 더웠다 하는 것도 자연의 삶이나
나는 나를 위해 세상을 살려니
힘이 들고 앎이 없었어라
참이 되어 후일에 안 일이지만
내 마음이 가진 마음에서
그 답을 가지고 있지 않아
아무리 생각해도 답이 없었어라

세상인 대자연 자체가 되어
그 참인 마음이 되니
세상의 의문과 의심이
다 풀리는 이치를 알았구나
마음속에 세상의 근원이 있으니
세상을 알고 세상 뜻을 알고
수많은 의문의심이 다 풀려라

귀신과 참신의 차이

귀신	참신
사랑 대자대비 인이 없다	사랑 대자대비 인 자체다
순리이지 않다	순리다
바쁘기만 바쁘고 실이 없다	실만 남는다
선행을 말만 들어 귀신이 하니 거짓이고 또 귀신이 선한 척하나 그 마음이 다르다	하는 일마다 선인 참 행이다
의인이 아니다	의인이다
자기 마음이 만든 세계에서 아는 것 행하는 것 사는 것이 모두가 자기의 마음에서 가진 만큼 하고 산다	신 자체라 마음에 다 가져서 자유고 해탈이고 부족함이 없다
항시 부족하여 허덕인다	항시 만족하여 그냥 있다
수만 가지의 마음이 일어난다	다 알아 번뇌가 없다
번뇌가 부정적이다	긍정적이다
죽어 있다	살아 있다

귀신	참신
참을 모른다	참을 안다
시비분별이 있다	시비분별이 없다
시기 질투 분노 수만 가지의 마음이 있다	시기 질투 분노 수만 가지의 마음이 없다
자기중심적이다	자기중심적이지 않다
구속된 삶 산다	구속되지 않는 삶 산다
자유가 없다	자유이다
쉬지 못한다	항시 쉰다
지옥세계 산다	천국 산다
몸이 죽으면 죽고 없는 세계인 망상 세계 간다	죽으나 사나 영원히 그냥 존재한다
지혜가 없다	지혜가 있다
자기 망념에서 복을 차서 복이 없다 또 그 망념으로 인해 복이 들어오지 못한다	복 자체이고 하는 일마다 순조롭다
귀신은 귀신임을 모른다	사람은 귀신을 알고 사람을 안다

사람의 삶

사람은, 그 사람이라는 존재는 그 사람이 가진 마음이다. 이 존재는 사람마다 가진 마음이 서로가 달라 마음과 뜻이 하나인 자는 세상에는 없다. 사람은 그 마음에 가진 만큼 알고 말하고 행하고 산다. 그 마음은 사람마다의 제각기 다른 마음의 세계를 가지고 있어 세상 살아가는 것도 그 마음에 가진 만큼 살아가고 그 마음에 있는 만큼 이상도 이하도 없이 그만큼 산다.

인간은 세상에 나서 자기가 경험한 일체를 자기의 마음속에 마음을 먹어 놓았으니 그 마음이 자기가 되고 그 마음의 세계에서 자기가 주인이 되어 살아간다. 그러나 그 마음은 참이 아닌 허상 자체라. 그 허상이 참이 되어 참인 줄 알고 사람은 살아간다.

사람은 허만 가지고 있어 사람은 참을 모른다. 참은 참을 알고 참은 또 허를 아나 허는 참도 허도 모르는 것이라. 자기 만든 세상이 자기의 세상인 허의 주인인 자기가 마왕이 되어 자기의 마음속에 가진 마음에 자기가 죽어도 그 나라에서 허상이 있는 것이라. 이 세계가 지옥의 세계이고 이 세계가 실 아닌 허의 세계라. 마왕이 가진 허상과 허의 세계를 다 부수면 실인 세계가 나타나는 법이라. 마왕은 자기중심적이고 마왕은 자기밖에 모르게 그 마음을 쌓아 놓은 것이 그것이 무덤이고 지옥 자체인 것이라.

인간이 세상에 난 이유와 만상이 세상에 난 이유는 참인 진리가 창조했기에 참이나 인간만이 이 우주의 성장기에 자기중심의 마음을 가지고 살아가고 있었기에 모두가 죽어 있어라. 마왕이 가진 너머의 세상이 진리의 나라이고 마왕의 세상이 다 없어져야 하나님 부처님의 나라가 있는 것이라.

마음수련회의 공부 방법은 마왕과 마왕의 세계를 다 부수는 것이라. 마왕이 가진 마음과 마왕이 가진 몸과 마왕이 가진 세계를 다 부수고 진리의 나라에 거듭나는 것이 마음수련회의 공부 방법이라.